当代商务英语语言与翻译多维视角研究

周 萍 ◎ 著

北京工业大学出版社

图书在版编目（CIP）数据

当代商务英语语言与翻译多维视角研究 / 周萍著
. — 北京：北京工业大学出版社，2018.12（2021.5 重印）
ISBN 978-7-5639-6679-0

Ⅰ. ①当… Ⅱ. ①周… Ⅲ. ①商务－英语－翻译－研究 Ⅳ. ① H315.9

中国版本图书馆 CIP 数据核字（2019）第 023877 号

当代商务英语语言与翻译多维视角研究

著　　者：	周　萍
责任编辑：	张　贤
封面设计：	点墨轩阁
出版发行：	北京工业大学出版社
	（北京市朝阳区平乐园 100 号　邮编：100124）
	010-67391722（传真）　bgdcbs@sina.com
经销单位：	全国各地新华书店
承印单位：	三河市明华印务有限公司
开　　本：	787 毫米 ×1092 毫米　1/16
印　　张：	11.75
字　　数：	235 千字
版　　次：	2018 年 12 月第 1 版
印　　次：	2021 年 5 月第 2 次印刷
标准书号：	ISBN 978-7-5639-6679-0
定　　价：	50.00 元

版权所有　翻印必究

（如发现印装质量问题，请寄本社发行部调换 010-67391106）

前　言

　　由于全球经济一体化进程的加快，世界各国之间的贸易合作也不断增多，国际商务活动日益频繁。这些商务活动涉及的领域比较多，如对外贸易、招商引资、技术引进等。商务英语在其中扮演着语言工具的作用，而且其已成为一门新型的跨学科的综合性的专业学科。如何做好商务英语翻译工作，是翻译工作者面临的新的挑战。

　　商务英语是涉外经济活动中的交际工具，也是专门用途英语的一个分支，具有知识性强、涵盖范围广的特点，其对译者的要求也颇为苛刻。商务翻译属于特殊用途英语的范畴，需要在掌握普通英语用法的基础上，具备商务知识，并将两者融合起来运用。

　　在本书第一章对当代商务英语的内涵、课程特征、学科体系构建、专业建设构想、现状及发展趋势进行了介绍；在第二章中，对当代商务英语的语言特征进行了分析，其中包括了词汇特征、语篇特征、句法特征以及修辞特征；第三章对当代商务英语的翻译标准和对译者的基本能力要求进行了阐述；第四章在比较视角下对当代英汉商务语言进行了分析；第五章在跨文化交际视角下对当代商务英语翻译进行了分析；第六章介绍了当代商务英语信函的翻译；第七章介绍了当代商务英语广告的翻译；第八章介绍了当代商务英语合同的翻译；第九章介绍了当代商务英语法律文献的翻译；第十章在创新视角下对当代商务英语人才的培养进行了研究。

　　本书共10章，约20万字，由湖南人文科技学院周萍撰写。为了保证内容的丰富性与研究的多样性，本书在成书过程中参阅了大量相关的文献资料，并从中获得了很多的启示，同时借鉴了许多优秀的理论、观点，在此向原作者表示诚挚的谢意。另外，由于知识、时间和精力的限制，书中难免会有遗漏和不当之处，敬请各位读者不吝赐教！

目 录

第一章　当代商务英语综述 ·· 1
　　第一节　当代商务英语的内涵 ·· 1
　　第二节　当代商务英语的课程特征 ······································ 5
　　第三节　当代商务英语的学科体系构建 ································ 6
　　第四节　当代商务英语的专业建设构想 ······························ 13
　　第五节　当代商务英语现状及发展趋势 ······························ 20

第二章　当代商务英语的语言特征 ·· 29
　　第一节　当代商务英语的词汇特征 ···································· 29
　　第二节　当代商务英语的语篇特征 ···································· 32
　　第三节　当代商务英语的句法特征 ···································· 38
　　第四节　当代商务英语的修辞特征 ···································· 39

第三章　当代商务英语翻译研究 ·· 45
　　第一节　当代商务英语翻译概述 ······································· 45
　　第二节　当代商务英语翻译的标准与策略 ··························· 54
　　第三节　当代商务英语翻译对译者的基本能力要求 ·············· 62

第四章　比较视角下的当代英汉商务语言 ······························ 65
　　第一节　当代英汉商务语言的不同点 ································· 65
　　第二节　当代英汉商务语言的相同点 ································· 68
　　第三节　对比语言学视角下的商务英语翻译 ······················· 71

第五章　跨文化交际视角下的当代商务英语翻译 ····················· 81
　　第一节　文化与语言 ·· 81
　　第二节　文化差异对商务英语翻译的影响 ··························· 94

第三节　商务英语翻译中文化因素的处理 …………………………… 98

第六章　当代商务英语信函的翻译 …………………………………… 101
　　第一节　当代商务英语信函的语言特点 ……………………………… 101
　　第二节　当代商务英语信函的翻译原则 ……………………………… 110
　　第三节　当代商务英语信函的翻译方法 ……………………………… 112

第七章　当代商务英语广告的翻译 …………………………………… 117
　　第一节　当代商务英语广告的语言特点 ……………………………… 117
　　第二节　当代商务英语广告的翻译原则 ……………………………… 124
　　第三节　当代商务英语广告的翻译方法 ……………………………… 126

第八章　当代商务英语合同的翻译 …………………………………… 129
　　第一节　当代商务英语合同的语言特点 ……………………………… 129
　　第二节　当代商务英语合同的翻译原则 ……………………………… 132
　　第三节　当代商务英语合同的翻译方法 ……………………………… 138

第九章　当代商务英语法律文献的翻译 ……………………………… 143
　　第一节　当代商务英语法律文献的语言特点 ………………………… 143
　　第二节　当代商务英语法律文献的翻译原则 ………………………… 150
　　第三节　当代商务英语法律文献的翻译方法 ………………………… 151

第十章　创新视角下当代商务英语人才的培养 ……………………… 153
　　第一节　当代我国商务英语人才的需求 ……………………………… 153
　　第二节　当代商务英语的人才培养目标 ……………………………… 157
　　第三节　当代商务英语的人才培养模式 ……………………………… 168

参考文献 …………………………………………………………………… 181

第一章　当代商务英语综述

随着世界经济的不断发展，经济全球化进程突飞猛进，商务活动作为一项活跃的交际活动，其交际语言地位凸显。商务英语成为除日常英语外，使用最广泛的英语变体之一，商务英语也成为非英语国家英语教学的一大热点。本章对当代商务英语的内涵和课程特征、当代商务英语的学科体系构建和专业建设构想进行简要阐述，最后分析当代商务英语现状及发展趋势，为后面各章节的开展做好铺垫。

第一节　当代商务英语的内涵

一、商务英语的起源

（一）商务英语的出现

商务英语是用于商业活动的英语，是英语语言的一个变体。商务英语最早出现在美国。据相关文献资料表明，商务英语曾是企业内部的一种沟通形式，主要指书面沟通的体裁形式，因此也叫作 business correspondence（商业信函）。

商务英语的概念是第二次工业革命中由美国企业家们首先明确提出的。第二次工业革命的发明创造，如汽车、飞机、电话、电报等，不仅极大地推动了全球经济的发展，也对英语语言本身产生了深远的影响。第二次工业革命产生了新的工业和商业领域（如电力、航空、机械、化学、商务等方面）的新词汇，使世界性贸易活动更加频繁，并促使英语成了名副其实的国际语言。

19世纪中叶的美国正处于工业化起飞的初级阶段。当时有一大批企业家和小业主，他们出身名门，受过良好教育，厌倦了传统修辞学教育的那种刻板、夸大的写作和修辞方法，他们认为这种文体已经不再适合企业经营和运作的要求了。于是，他们便积极寻求和酝酿管理沟通和信息交流方式的变革。"Business English"这一术语正是在这一时期出现的。同时出现的商务英语词汇还有 document、file、circular letter、memorandum、business correspondence 等。

(二)商务英语的发展

19世纪末20世纪初,由于美国经济生产与资本的高度集中,促使银行资本与工业资本加速融合,形成许多垄断财团,在这样的社会经济背景下,商务英语有了进一步发展。

20世纪初,商务英语进入了成熟期。这一时期出版了许多商务英语著作或教材。同时期形成的企业管理理论,对商务英语发展起到了很大的推动作用。第二次工业革命使商务英语成为英语大家族中一个醒目的变体。

二、当代商务英语的定义

商务英语是一种专门化的英语,是人们进行国际商务交往活动的语言工具,是人们实现商业目的的英语。商务活动涉及范围极广,商务英语范畴十分庞大。但需要注意的是,商务英语并非一个绝对的概念,有些商务英语同时还属于其他的专门用途英语,如商务文本中具有法律效力的语言,既可以算作商务英语,又可以算作法律英语。

三、当代商务英语的性质

商务英语属于专门用途英语的范畴。

哈钦森和沃特斯(Hutchinson & Waters)认为,虽然专门用途英语具有其语言的特殊性,但专门用途英语不属于一种特殊种类的英语,因为不存在某种特殊的语言种类。由于专门用途英语与普通英语之间的共性大于特殊性,因此,不应认为专门用途英语是区别于普通英语的特殊语言。哈钦森和沃特斯还认为,商务英语属于专门用途英语,是专门用途英语的一种分支变体,商务英语的全称应该是 English for Business and Economics(EBE)。

芒比(Munby)认为,专门用途英语分为两类,即以学术为目的的英语(English for Academic Purposes)和以职业为目的的英语(English for Occupational Purposes)。以学术为目的的英语是指用以完成学业,或进行学术研究和学术交流等所使用的英语,学术性较强;以职业为目的的英语是指从事某行业所使用的英语,专业性和实用性较强。

四、商务英语与普通英语

(一)商务英语与普通英语的联系

商务英语专业是在英语专业基础上跨界复合而形成的。在商务英语专业的课程设计、师资结构、教学方法等方面,处处都可以看到英语专业的缩影。

总的来讲，英语专业是以文学为导向的专业，商务英语专业是以商务为导向的专业，二者皆属于外国语言文学类，是不同时期根据国家建设的人才需求所建立的两个英语类专业。虽然如此，但我们绝不可以低估英语专业对商务英语专业的影响和作用。今天多数从事商务英语教学与研究的人都是英语专业培养出来的人才。毫不夸张地说，没有英语专业就不可能有商务英语专业。这是历史事实。

1. 通用的英语语言规则

商务英语的语音、词汇和语法等语言规则都不能脱离普通英语存在。

（1）语音

商务英语没有自己的发音规则和语音系统，其使用的发音规则与普通英语一致。加上许多商务英语词汇本就源于普通英语，其发音规则始终不变，不会随交际情景的变化而发生改变。例如，document、file、circular letter、memorandum 等商务英语词汇都与普通英语发音一致。

（2）词汇

商务英语词汇与普通英语词汇重叠度十分高，一些商务英语词汇直接来源于普通英语，或通过普通英语派生而来，尽管其含义可能发生了变化，但其专业含义往往源于普通含义。例如，"share"在普通英语中有"一份、份额"的含义，在商务英语中的含义为"股票"，显然与普通英语有密切的联系。

（3）语法

商务英语遵循普通英语的语法规则，符合普通英语句子的结构特征，只是多了一些与商务相关的表达。

译例：The pattern of prices is usually set by competition, with leadership often assumed by the most efficient competitors.

译文：价格构成通常由竞争决定，并由效率最高的竞争者来担任主导角色。

该例的语法遵循了普通英语的语法规则，只是多了一些商务英语的词汇。

2. 商务英语是普通英语的延伸

商务英语与普通英语同根又同源，共享语言规则，二者的联系不仅于此。商务英语是普通英语的专业化，是普通英语工业化作用的结果。商务英语是普通英语与商务专业术语构成的一种语体，是建立在普通英语之上的，是对普通英语的一种延伸。商务英语的构成过程如图1-1所示。

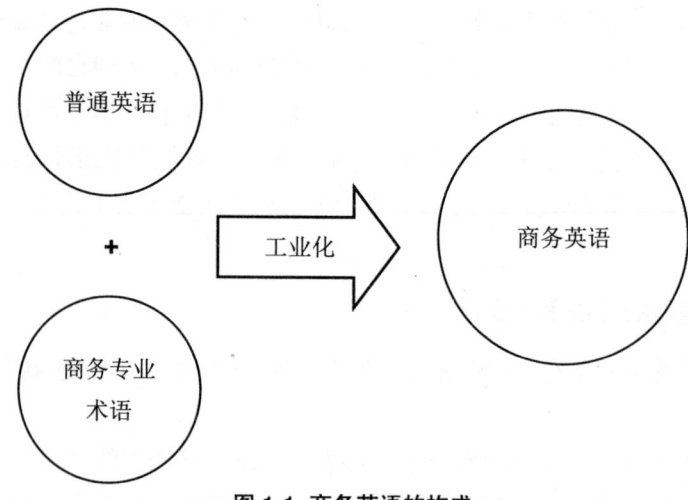

图 1-1 商务英语的构成

另外,国际商务英语又是国际化过程中普遍使用的国际语言,由商务英语和国际化成分构成。国际化成分主要指地方特色。商务英语与地方特色在国际化的作用与推动下交织形成国际商务英语。国际商务英语构成如图 1-2 所示。

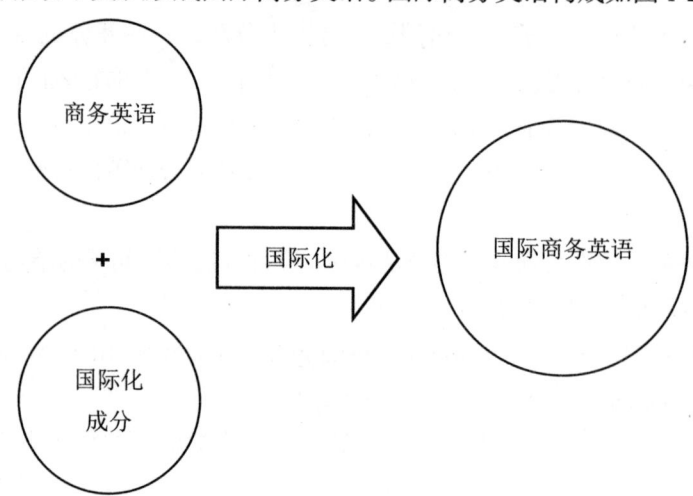

图 1-2 国际商务英语的构成

(二)商务英语与普通英语的差异

商务英语虽然与普通英语存在着千丝万缕的联系,但二者之间也存在着十分显著的差异。

1. 需求差异

普通英语的学习者往往对英语学习没有明确的追求,一般都是迫于课程压力学习英语;商务英语的学习者一般是进行学术性或专业性的学习,对英语学习有明确的目标和追求。

一般情况下，商务英语学习者都具备一定的普通英语基础，学习者带着明确的学习目的，努力掌握学习内容，获取所需信息。这种明确的目的和特殊需求是普通英语所不具备的。

2. 教学差异

商务英语教学来源于普通英语教学，但因其"商"性，决定了商务英语教学在教学过程中有别于普通英语教学。专门用途英语的研究内容和教学方式是由学习者需求决定的，因此作为专门用途英语的商务英语，其教学自然与普通英语存在一定差别。

普通英语教学由普通教育目标决定，传授普通英语语言知识与技能。商务英语学习者明确的目标和特殊性需求，决定了商务英语教学与普通英语教学存在不同。普通英语教学旨在掌握英语的普通规则，而商务英语教学旨在培养用商务英语知识与技能进行商务活动的能力。

第二节 当代商务英语的课程特征

一、学科性

商务英语课程的学科性是指商务英语课程的研究内容为国际商务背景下的商务英语，研究商务语言和商务活动等，重点研究由于使用领域、使用团体、使用功能等因素的不同而产生的英语变体及其规律。

商务英语课程内容范围广泛，涉及多个领域，如国际贸易、市场营销、工商管理、财务管理等领域，还涉及英语语言知识、商务知识、商务沟通、商务谈判等方面的内容。

二、复合性

商务英语课程的复合性主要体现在商务英语课程内容的复合性上。商务英语课程融合了语言、文化、商务等多方面内容，重视英语语言知识和技能与其他方面知识的结合。商务英语课程的学习者不仅要掌握商务英语相关的知识与技能，还要加强对商务英语知识的实践运用，只有这样，商务英语学习者才能运用自如地进行商务活动。

商务英语课程的复合性还体现在教师素质的复合性上。商务英语教师既应具备扎实的商务英语语言知识以及较高水平的语言教学能力，还应广泛涉及各种与商务相关的知识，包括金融、管理、法律、新闻等，只有高素质的复合型教师才能胜任商务英语课程教学。

三、应用性

商务英语课程的应用性是指商务英语课程贴近商务活动需求，注重理论与实践相结合。由于学习者学习商务英语具有明确的目标和特殊性需求，因此商务英语课程应是专门化的、实用性的课程，其教学应围绕特定的目标和需求进行。商务英语课程融英语知识与商务知识为一体，以英语知识为媒介，为商务活动服务，其涉及内容涵盖与商务相关的多个领域和开展商务活动的各个环节。因此，商务英语课程中常会出现商务会议、商务谈判、商务合同等。

四、目的性

商务英语课程的目的性体现在，商务英语课程的目标是培养掌握商务英语专业知识与技能，能灵活进行商务活动的综合型人才。商务英语课程本质上属于语言课程，是语言知识与技能传授的课程，强调语言的运用，重视商务语用能力的培养，目的是使学习者能够运用商务英语知识处理商务事物、解决商务问题、完成商务活动。

第三节 当代商务英语的学科体系构建

一、商务英语学科内涵

（一）商务英语学科的定义

商务英语学科是以商务英语专业为其主要研究对象，以商务英语语言、复合结构、教学理论，以及教学实践为其主要研究内容，以语言学理论，经、管、法学科研究理论，复合增值理论，社会学、心理学等跨学科理论为主要研究理论的交叉复合型边缘学科。它的目的主要包括两个方面：第一，对国际商务英语语言做全面系统的研究；第二，为商务英语专业提供理论基础。

（二）商务英语学科的研究内容

商务英语学科的研究内容除了包括语言本身之外，还涉及经济、管理、贸易、法律、计算机等学科的交叉研究。这些学科与国际商务英语相互作用、互相依存，形成了相互支持、互相依托的关系。商务英语的交叉性决定了这门学科内涵的广泛性与多层次性。广泛性的内容包括商务英语所涉及的相关领域的学科知识和理论体系。这些知识和理论交叉的综合体不是指所涉及各种学科的全部，不是包括这些学科的所有内容，只分别涉及上述各种有关学科的部分最基本的内容，是那些能够用于或服务于培养或构成国际商务英语专业人才知识结构的知识体系及其方法、理论。

（三）商务英语学科的外延

商务英语学科的外延是指我国高等院校不同层次所开设的商务英语专业教学、ESP教学与培训，以及国际商务活动中的各种商务语言培训与学习等。商务英语学科研究包括商务英语研究、国际商务英语研究、特殊用途英语（会计英语、科技英语、世界英语等）研究、各类商务英语教学研究、法律英语研究、经济语言学研究、商务沟通研究、国际商务研究、跨文化研究以及各种商务英语培训研究等。

商务英语专业是一门复合型专业，所以商务英语学科的外延比较宽泛。除商务英语专业所开设的语言课程外，商务英语学科研究的外延也会涉及如管理学、跨文化学、国际商法、国际商务、管理心理学、认知学、翻译学、逻辑学等不同学科领域。另外，商务活动的开展还会受到诸如政治、社会、科技、市场需求、人口结构等客观环境的影响或制约，研究商务英语学科不得不考虑这些环境条件所带来的影响，这样便会造成商务英语学科研究的外延的进一步拓展。

二、商务英语学科的分类

商务英语发展到现在，其学科定位已逐渐清晰，是一种应用语言学与国际商务、国际贸易、世界经济等学科相交叉产生的新学科。商务英语学科交叉的内涵与定位如图1-3所示。

商务英语的人才培养是专门用途英语人才培养的一个新模式，其人才培养目标与侧重点和其他学科存在一定差异。商务英语培养的是精通英语与商务的复合型人才，要求英语沟通能力强，具备充足的商务专业知识，通晓外国国情与文化，具备英语专业与国际商务专业的双重优势。

与国际商务的学生相比，商务英语的学生具备了较高的英语水平和跨文化交际能力；与英语专业的学生相比，商务英语的学生具备了商务相关知识与技能。商务英语学科是一门英语与商务交叉，研究英语在国际商务中应用规律与特点的学科。目前，商务英语学科分类主要有以下几种观点。

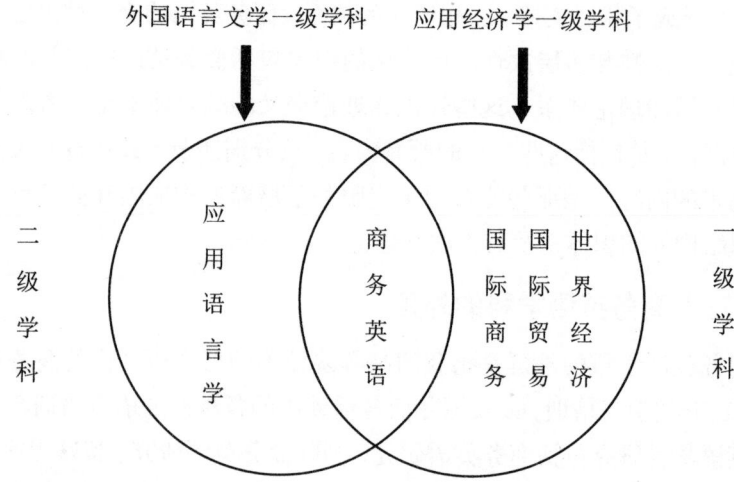

图 1-3 商务英语学科交叉的内涵与定位

（一）语言学分类

语言学分类观认为,商务英语属于应用语言学范畴,归类于专用英语,以语言学为基础理论。专用英语的主要研究领域包括学术英语、商务英语和科技英语。商务英语的语言学归属如图 1-4 所示。

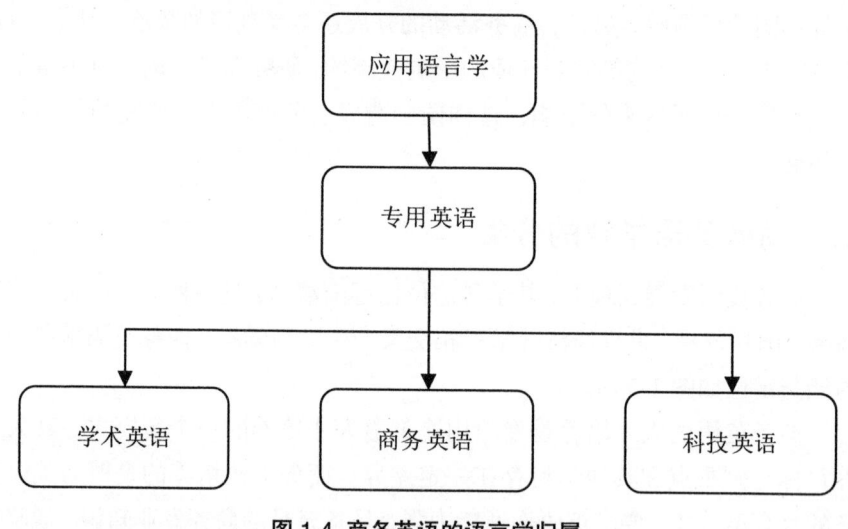

图 1-4 商务英语的语言学归属

（二）管理学分类

管理学分类观认为,商务英语属于工商管理学范畴,归类于国际商务沟通范畴,以管理学为基础理论,主要研究商务策略、交际策略和跨文化策略。商务英语的管理学归属如图 1-5 所示。

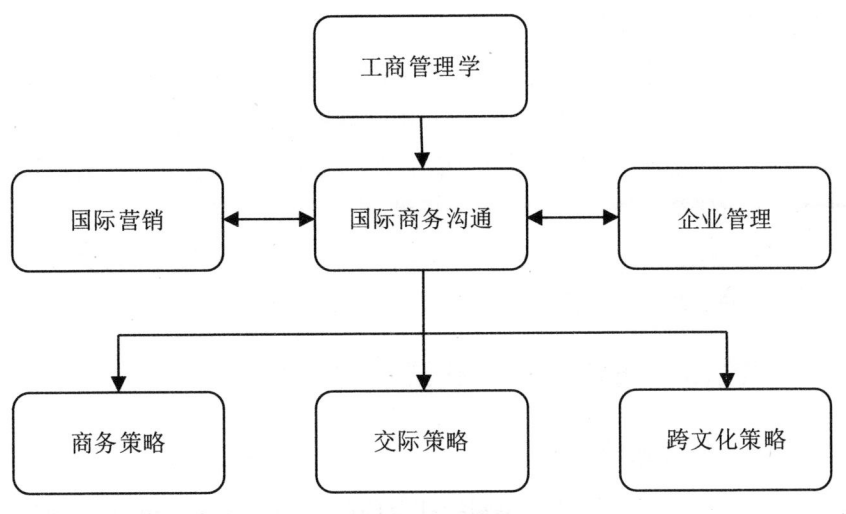

图 1-5 商务英语的管理学归属

（三）经济学分类

经济学分类观认为，商务英语属于应用经济学范畴。从学科内涵看，在一级学科层次，商务英语学科是外国语言学与应用经济学产生的交叉学科；在二级层次，由外国语言学与国际商务、国际贸易等产生二级学科交叉。商务英语二级学科交叉内涵与研究领域如图 1-6 所示。

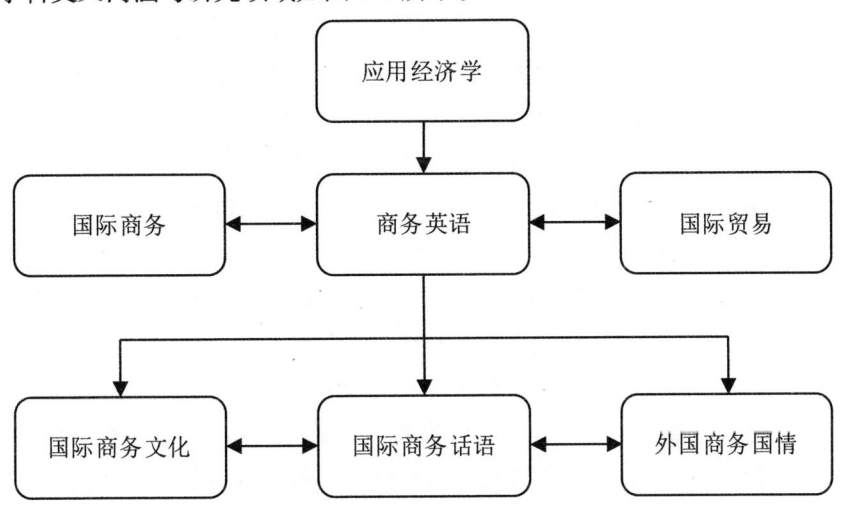

图 1-6 商务英语二级学科交叉内涵与研究领域

（四）交叉学科属性

商务英语的交叉学科属性主要体现在以下几个方面。

第一，研究对象交叉。商务英语的研究领域主要包括国际商务文化、国际商务话语和外国商务国情。

第二，学科理论基础交叉。商务英语学科理论体系主要包括英语语言学、跨文化交际学、国际商务、经济学、国际营销、话语分析等。

第三，研究方法交叉。商务英语主要采用跨学科研究方法，主要包括定性研究、定量研究、案例法、话语分析等。

第四，从业人员知识与技能交叉。商务英语的从业人员都是复合型的，无论是商务英语教师还是国际商务人员都具有跨学科背景。

三、我国商务英语学科的构建条件

（一）外部条件

应用学科的形成都具有深刻的社会原因和广泛的应用市场。促使商务英语学科形成的外部条件包括以下几方面。

英国英语之所以能成为第一国际语言，是因为第一次工业革命的策源地在英国；美国英语之所以成为全球化或国际化语言，是因为导致全球化与国际化的信息技术革命的策源地在美国，美国引领了国际化的发展。

除科技条件外，导致商务英语学科形成的其他外部条件还有政治、经济、社会等，我们把这些外部条件合称为 PEST（political, economic, social, technological）。商务英语学科的形成就是 PEST 共同作用的结果。没有 PEST 的变化发展，就不可能有今天的国际商务英语专业，也就没有商务英语学科。所以，PEST 是商务英语学科构建的主要外部条件。

从哲学的角度看，国际商务英语是一种社会存在，它是客观事物变化的反映。它的出现、形成与发展，有一个从量变到质变的过程。我们先做这样几个假设：①如果没有商务英语（语言）就不会有商务英语学科；②如果只有少数人使用商务英语，就不会有商务英语专业与学科；③如果不通过正规教育就能获得商务英语，也不需要出现商务英语专业与学科。

基于以上假设，我们可以推论，商务英语的存在是商务英语学科的必要前提，离开这个前提，商务英语学科就不会存在；一定量的商务英语使用受众，是商务英语学科形成的外部条件，离开这个条件，商务英语学科也不会出现；正规的商务英语专业教育，是商务英语学科形成的基础离开这个专业，商务英语学科也将失去它存在的价值和意义。既然这三个假设条件均已存在，商务英语学科的存在就毋庸置疑了。

（二）内部条件

1. 正式专业的支持

经过多年的教学实践，我国商务英语专业已于2006年正式批准建立。全国正式建立的商务英语专业本科院校已有上百所，在商务英语专业本科建设的基础上，商务英语专业硕士与博士点也正式建立。商务英语专业本、硕、博不同层次的正式建立，为商务英语学科形成奠定了牢固的基础。

2. 学术条件的支持

学术条件是学科形成的重要标志之一。我们可以从全国国际商务英语研究会网站以及近年来商务英语科研项目立项、学术专著出版、学术论文发表和研讨会的召开等方面，来观测商务英语研究的活跃程度和丰硕的学术成果。2007年以后，系统研究商务英语专业与学科的专著不断涌现，学术研究显然上升了一个档次。这一系列研究成果的出现，极大地推动了商务英语专业与学科建设的步伐。

3. 学术组织的支持

为了形成商务英语学科体系，几十年来，我国高等院校的商务英语界的前辈们不懈努力，建立了一个又一个丰碑。

1993年，教育部考试中心和英国剑桥大学考试委员会合作，开设了BEC剑桥商务英语证书考试，累计考生人数超过百万人次。BEC的介入，为我国商务英语教学注入了一针强心剂。

1994年，中国国际商务英语研究会在北京成立，这是第一个全国性的商务英语学科专业组织。

此外，一些省份还陆续建立了省级商务英语学会。这些学术组织的建立，为商务英语学科的建设提供了支持。

4. 学术刊物的支持

随着商务英语专业教学和学科研究的蓬勃开展，专门研究商务英语学科的学术刊物相继出版。除此之外，一些学术刊物与高等院校创办的学报，也陆续刊登了商务英语系列专栏。这些专业刊物及专栏的出现，又为商务英语学科的形成和建设起到推动作用。

四、商务英语学科与专业的比较

商务英语专业与商务英语学科经常被混为一谈。在很多文献中，专业与学科几乎被相提并论。为了帮读者进一步理清商务英语专业与学科的差异，笔者对叶兴国在西安第十届全国商务英语研讨会上的讲话内容进行了梳理。

（一）商务英语学科

相互关系：学科是专业的基础。

划分依据：知识的分类与发展。

构成要素：学者、研究领域、理论体系、方法论等。

建设目的：知识的发展与创新。

建设目标：高层次、前沿性、创新性的科研成果。

侧重点：科学研究。

组织结构：具有相对的弹性，甚至具有虚拟性。

内涵要素：确定研究方向、建设研究基地、建设学术梯队等。

建设任务：跟随学科发展方向，确定研究方向，研究形成学术成果；培养学科带头人，形成学术梯队。

评价标准：科研成果的质量和水平。

（二）商务英语专业

相互关系：专业是学科承担人才培养的载体。

划分依据：社会劳动分工专门化。

构成要素：教师、培养目标、课程体系等。

建设目的：传授知识，培养人才。

建设目标：提高教学质量，培养优质人才。

侧重点：教学。

组织结构：具有相对的刚性，且层次清晰。

内涵要素：制定教学目标和培养计划，进行课程设置，选定教学内容，进行教学设计，进行教师队伍建设等。

建设任务：跟踪社会对专门人才的需求，形成教学思想与方法，组织实施教学方案，提高教学质量。

评价标准：培养学生的质量和层次。

虽然商务英语学科与专业之间存在较多差异，但二者相互依存、相互促进，具有内在的统一性。商务英语学科为商务英语专业提供理论基础，商务英语专业是商务英语学科的研究对象。

第四节　当代商务英语的专业建设构想

一、商务英语专业人才培养目标

（一）语言知识与技能

语言知识与技能既包括英语共核知识与技能，也包括商务英语的语言知识与技能。英语共核知识主要是指人文基础知识、文学历史知识等；商务英语语言知识则包括商务英语的语音、词汇、语法、写作、语用、语体等方面的知识。这些知识都要靠我们运用语言学的理论与方法对商务英语进行整理与归纳，逐步把商务英语语言知识系统化、条理化。

根据第二语言习得"临界期"假说，英语听说技能主要应在初中时期形成；读写能力是基于听说能力之上的更高一级的语言能力，主要应在高中时期形成。进入大学后的外语教学，主要应该侧重在专业知识的教学上，突出普通语言到专业语言的能力转换，提高语言的应用能力，包括翻译能力。

初等教育要强调标准普通英语技能的教育，如标准英语语音语调、语法等。高等教育的外语教学则应该侧重专业英语的教育，对于商务英语专业而言，更应该强调国际商务环境下的非标准英语的技能训练，强化对不同英语方言的听力训练，提高实战能力。

"读"的技能是国际商务活动中获取信息的主要手段，其主要目的是提高获取信息与知识的速度与效率。面对大数据时代，"读"的能力就是"学"的能力，就是获取信息和筛选信息的能力。这是一个人生存与发展的主要技能之一。一个人在大学无论学多少知识都是有限的。只有掌握了学习的技能，才能与时俱进，终身不至于落伍。所以，商务英语专业教学不仅仅要考虑教学生"学什么"，更要突出教学生"如何学"。正所谓"授人以鱼，不如授人以渔"。

商务英语的写作技能主要指国际商务活动与沟通中的书面写作。书面沟通是国际商务活动中非常频繁且非常重要的沟通形式，其格式、用词、措辞、语体、称谓、落款等都有比较严格的格式要求，与普通英语写作有很大差别。对这些差别要给予高度重视。另外，总结报告、述职报告、可行性报告等的好坏优劣，都可能对一个人的终身发展产生重大影响。

商务英语的翻译技能是建立在英语、商务英语以及中文基础之上的语言转换的综合能力。无论是英译汉，还是汉译英，都必须对两种语言中的相关知识有比较准确的把握，才能实现名副其实的"信、达、雅"。

（二）商务知识与技能

商务英语专业是一门创新型、多课复合型专业。随着国家经济的发展和软实力的增强，国家、社会对英语学科的发展提出了一些新的要求。商务英语专业内涵、应用能力、创新能力等都要加强，因此，商务英语专业人才应具备以下专业知识与能力。

1. 商务英语人才所需的商务知识

英语知识与商务英语知识、跨文化知识（包括国际商务礼仪）、人力资源管理知识、市场学知识、行业知识（国际商务下的分支行业）、国际贸易知识、国际法律知识、管理学知识、财务知识、经济学知识、中国商务知识等。

2. 商务英语人才所需的工作能力

英语语言能力（听说读写译）、沟通能力、适应能力、解决问题的能力、团队工作能力、电脑使用能力、快速学习能力、谈判能力、承受压力的能力、组织领导能力等。

（三）商务英语人才素质

素质是相关知识与能力的综合体现。知识只有经过理解、综合、升华之后才能上升到素质的层面。所以说，知识是通过"教"或"学"获得的，技能是通过"练"或"训"获得的，而素质却是知识与技能综合演变的结果。

从语言的角度看，商务英语专业人才的一般性素质是对普通商务英语技能和知识的熟练掌握与应用，特殊性素质是对商务英语语言技能与知识的熟练掌握与应用。商务英语专业学生要具备五个方面的素质：思想素质、专业素质、职业素质、文化素质、身心素质。这就是一般素质与特殊素质的综合体现。

二、商务英语专业的教学模式

（一）商务英语教学原则

1. 语言与商务知识兼顾

商务英语是英语语言与国际商务的结合，因此在进行商务英语教学设计时，不仅要教授学生英语知识与技能，还要教授学生商务知识与技能，让学生掌握商务英语知识与技能，灵活开展商务活动。

商务英语教学的基本宗旨应当是英语语用能力的训练。"以英语为本"这一方针应贯穿于整个教学过程。打好英语基础、培养英语交际能力既是出发点，又是落脚点。商务英语强调准确性，商务活动所用的合同和法律文书等都要求用词严谨、准确、规范，对英语的使用提出了非常高的要求。因此，在商务英语教学中应加强对语言技能的实际应用，没有扎实的英语根基，就难以实现商务英语的枝繁叶茂。在课程体系中，英语专业技能课程属于主流课程，是英语专业人才培养的基础，是英语专业的"立身之本"。因此，专业技能课程在学时上应得到充分保证，并贯穿于培养计划的始终。

商务英语另一显著特点是语言技能和商务背景知识的密切结合。开设与国际商务相关的专业课、专业倾向课或专业知识课，加强课程的实用性和针对性，成为商务英语专业课程建设的重要内容。商务英语背景知识是商务英语教学的重要内容之一。商务英语背景知识内容广泛，包括金融、国际贸易、法律、营销等诸多方面。语言技能是商务活动的必备技能，具体表现为商务交际、商务谈判、商务合同等，必须纳入商务英语教学中。此外，一些非语言因素，如文化背景、交际策略、交际双方关系等，也应纳入商务英语教学。

2. 理论与实践相结合

商务英语学习者以能灵活自如地进行商务活动、解决商务实际问题为学习商务英语的目的。商务英语学习具有较强的目的性和实用性，商务英语教学培养的是学习者运用商务英语知识进行商务活动的能力，因此，商务英语教学在保障学习者掌握商务知识的基础上，还应开展商务训练活动以提高学习者对商务英语知识的运用能力。

3. 突出商务英语听说技能

英语教学长期存在一些问题，即在教学过程中没有将听和说摆到与读和写同样重要的位置上，使听和说成为学生的弱项，这在雅思和剑桥商务英语等重量级考试中都明显地表现出来。虽然有许多同学顺利通过了考试，但他们却并没有达到考试要求的听和说的水平，仍无法进行有效的交际活动。

随着国家经济的不断发展，国际贸易也不断深入发展，对外商务贸易范围日益扩大，人际交往日益频繁，听力与口语在人们商务交际中的地位越来越重要。因此，英语口语与听力训练显得空前迫切和重要，在商务英语教学过程中不仅要处理好听、说、读、写、译的关系，还应处理好英语专业知识与其他专业知识之间的比例关系，保证商务英语专业应有的特色。

（二）商务英语教学方法

商务英语教学方法与英语教学方法既有一致性，也有差异性。比如，通常所使用的语言教学方法有语法教学法、功能教学法、交际教学法、情景教学法等。这些方法不仅在英语专业语言教学中使用，在商务英语语言教学中也使用。不过，使用的角度不同，各自都有自己的专业倾向性，英语专业会有"语"的倾向，而商务英语则会有"商"的倾向。除此之外商务英语专业还有商务知识的教学，商务英语语言教学是通过商务专业语篇来学语言，是名副其实的商务英语；而商务知识的教学，尤其是采用全英方法的教学，是利用英语学商务，可谓是名副其实的英语商务。后者是英语专业教学中所没有的。

1. 商务语言教学方法

商务英语语言教学基本兼有英语专业语言教学的所有特点，除此之外，还有它自身的一些特点。商务英语语言教学的目的之一，是使学生的普通英语语言技能向商务英语技能转化，另外也是积累商务基本词汇、商务背景知识，以及商务基本概念知识的过程。

概括起来，商务英语教学包括"语、技、商、素"四方面的内容。其中，"语"是指语言教学的基本内容，即词汇、语法与写作；"技"是指英语基本技能"听、说、读、写"；"商"是教学语篇所涵盖的商务知识；"素"是指综合素质。素质虽不是直接"教"的内容，但它是通过教学这一过程凝练而成的结晶。这一阶段的素质主要体现在思维能力与语言能力的综合提高上。商务英语语言教学虽然也属于语言教学，但与英语语言教学的侧重点不同，因此教学方法也不同。

2. 商务专业知识教学方法

商务专业知识教学是语言教学的升华，如果把语言教学称为"磨刀"阶段，那么商务专业知识教学就可被称为"砍柴"阶段。商务专业知识的教学是英语商务的教学，即用英语教授商务或通过英语学习商务。这就是通常所说的"全英教学"。这是商务核心知识形成的重要阶段。与语言教学相比，商务专业知识教学有"商知、商技、商语、商素"的教学特点。

3. 商务专业技能教学方法

"商素"是国际商务英语人才素质的简称，是指商务英语专业学生的综合素质。"商素"包括"商知"与"商技"，也包括"语知"与"语技"。也可以说"商素"是商务英语专业学生各种知识与技能综合素质的体现，是智慧与能力的体现。俗话说"世事洞明皆学问，人情练达即文章"。这就是一种素质。"洞明"即对专业知识的透彻了解，也就是荀子所说的"化道"；"练达"即对专业技能的熟练掌握。商务英语专业人才的"商素"就是洞明专业知识，练达专业技能。

4. 全英教学方法

全英教学方法是商务英语专业教学的一大特色。全英教学就是教材、教学语言、课堂讨论、练习、作业、考试、论文等一系列教学活动基本都使用英语，或使用90%以上的英语。关于全英教学的利和弊，仁者见仁，智者见智，不可一概而论。

对于语言学习来说，全英教学会产生一定的"浸泡"效果，因为专业词汇不断出现，总会对大脑记忆产生更多的刺激。但是对专业知识的理解或许不尽然。很多商务英语专业的本科学生，包括一些教师，对商务英语词汇和概念熟记于心，可以很好地应付考试，但对于汉语中的对应概念却不一定能够熟练表达出来。这种现象在全英 MBA 教学中却不那么明显。这说明，在本科学生缺乏基本的专业知识或工作经验的前提下，采用全英教学，难以建立起英、汉之间的明确概念。因为，成人的思维说到底是一种母语思维。母语知识库存中没有的概念，以外语的形式输入难以形成图式记忆，这样，虽然记住了英文中的那个词，却不能准确反映出汉语中的对应意义。

我们不得不问：用全英教学的主要目的到底是什么？是学习语言？还是学习专业知识？笔者认为首先是专业知识，其次才是专业语言——商务英语。也就是说，学习商务知识对于全英教学而言是第一性的，而语言技能的强化与转换是第二性的。如果是这样的话，对于一些理论性较强、内容较枯燥的方法论、模型模式等之类的专业教学，就不一定非要强调全英教学，灵活多样的双语教学，甚至汉语教学，或许能够收到更好的效果。

总而言之，商务英语教学，尤其是"商知"教学，应该灵活多变，不应固守某种教学模式或教学语言，完全可以把全英教学、双语教学，甚至中文教学交替使用。无论采用什么语言，都要以达到最佳教学效果为目的。

全英教学包括几个主要环节：全英教材、全英授课、全英作业、全英测试、全英毕业论文撰写及答辩等。其中毕业论文的撰写与答辩，到底是采用全英还是中文，或是双语，也是一个棘手问题。可以肯定地说，全英论文写作对思维是有局限的。商务讲求创新，创新首先是思维的创新，没有思维，则没有创新。用外语思维，说到底总没有用母语思维那么敏捷活跃，思维一旦受到局限，表达就受影响，这样就会导致大量的下载、转抄、翻译等不良风气的出现。

一些院校在生源以及教学资源方面局限性很大，用英语写毕业论文问题更为突出。从目前反映的情况看，毕业论文的现状是学生写得辛苦，教师改得辛苦。但是，作为外国语言文学类别下的专业，如果商务英语专业的毕业论文用汉语写也说不过去。所以，如果要使论文写得既富有思想，又比较深刻，同时还要采用英文的表现形式，或许最好的办法就是采用中文写作，完稿后自己再翻译成英文。这样，汉语写作可以充分发挥学生自己的想象力和创造性，英语翻译也可以考察学生的专业英语表达能力，体现商务英语以及学术英语的语言特点。

三、商务英语专业的师资队伍

（一）商务英语师资的要求

商务英语学科的应用性、交叉性等特点，对教师的知识与能力以及其他素养提出了多方位的要求；商务英语的复合型特点决定了商务英语的师资也必须是复合型的。在师资培养方面各学者都不约而同地提出了"双师"型的教师培养方向，即必须具备深厚的语言修养和系统的商务知识，这一培养方向已经得到肯定。作为一名商务英语教师，要想培养出复合型人才，首先自身就应是一名复合型人才。一名复合型商务英语教师既要具备足够扎实的商务英语知识与技能，还应精通英语知识与技能，具备优秀的教学能力。教师的水平将直接影响教学的质量，商务英语教师应具备以下几方面的能力和素质。

1. 专业知识素养

商务英语教师的专业知识素养包括商务英语学科基础知识和专业知识。商务英语教师的学科基础知识体现在对英语语言知识的掌握上，学科专业知识体现在商务知识（如金融知识、管理知识、贸易知识、法律知识、贸易知识、营销知识等）和社会实践上。

2. 教学能力

教师的本职工作就是传授知识，教学能力的高低直接关系教学质量的好坏。商务英语教师应具备优秀的教学能力，善于调动学生的学习热情，妥善处理师生关系。商务英语教师应根据商务英语课程特点，从实际出发，根据不同课程采取最合适的教学模式，培养学生的创造性思维，提高学生的学习兴趣，锻炼学生独立思考和善于合作的能力。

3. 实践指导能力

商务英语教师还应具备实践指导能力，商务英语教师应具有全面的综合素质，不仅能进行商务英语课堂教学，还应能进行商务英语相关的就业、实习等的实践指导工作，能够组织与指导学生参与行业相关的职业技能考试等。商务英语教师应通晓商务英语行业相关的背景知识，具备一定的商务英语实践经验，能用英语教授学生商务英语相关行业的知识。

4. 教科研能力

商务英语教师还应具备一定的教科研能力，有教科研意识。商务英语教师应以培养学生商务英语能力为目标，主动探索贴合学生实际的教学方法，积极构建商务英语课程的特色教学内容。

（二）商务英语师资建设的途径

商务英语专业建设具有复合性，商务英语教师也应是复合型人才，高校培养复合型教师的途径有以下几种。

专业知识培训：高校应积极培养复合型教师，鼓励教师进行在职进修，学习商务类课程。高校还可请商务英语从业人员、商务技能优秀人员、工作经验丰富的人员等向商务英语教师讲授商务英语知识，进行集中培训，使商务英语教师掌握更多的商务英语专业知识。

考取专业资格证：高校应鼓励商务英语教师积极考取商务英语相关资格证书，以增强教师的商务英语专业能力。

学历教育：高校教师应以一些优惠政策鼓励商务英语教师进修商务英语专业硕士以上学位。

引进国外师资：高校可聘请高素质商务英语专业知识的外籍教师，壮大商务英语师资队伍。引进的外籍教师可以是以英语为母语的人，还可以是在国外受过高等教育的人，但都应具备商务英语相关知识。

语言培训：组织专业教师进行海外短期语言提高培训。

中外合作办学：高校可通过与国外大学合作开办国际商务英语专业课程，来提高商务英语教学与科研水平，进一步优化课程设置、教学组织、师资结构等，如上海对外经贸大学与英国中央兰开夏大学合作的商务英语本科双学位项目就是一个很好的例子。

实践培训：高校应组织商务英语专业教师到商务英语相关企业进行专业实践培训，有计划的安排商务英语教师到具有涉外商务活动的外资企业、进出口公司等单位学习，以提高教师的商务操作技能。

带教活动：为提高青年教师的教育教学能力，新老教师可以结对，以老带新，同时还要增强商务英语教师的团队意识和合作精神。

培养商务英语专业带头人：高校应培养德才兼备、组织管理能力强的商务英语专业带头人和骨干教师。专业带头人应广泛参加学术交流，跟随商务英语学科发展前沿，了解商务英语发展动态，能带动其他商务英语教师进行专业建设，共同提高自身专业素质。

兼职教师：高校可从商务英语相关企业聘请实践经验丰富的高级人才为兼职教师，还可从商务英语专业建设相对优秀的院校里聘请具有丰富专业知识的专家和学者为兼职教师。

高校只有积极打造一支高质量的商务英语专业师资队伍，建设一支能够胜任商务英语语言教学、商务英语商务知识教学、商务英语专业实践技能教学的师资队伍，才能更好地进行商务英语教学，提高商务英语教学质量，使商务英语专业学生的能力得到显著提高。

第五节　当代商务英语现状及发展趋势

一、当代商务英语发展现状

在 20 世纪 80 年代，我国的经济发展政策是实行改革开放和以经济为中心。以经济为中心的政策提高了人们创业的热情；改革开放政策推动了对外经济的发展，人们的商务活动范围逐渐扩大。中国对外经济的联系逐渐从单一商品贸易发展到服务、技术、旅游等各种领域，"大经贸"格局逐渐形成。为顺应中国对外贸易的发展需求，国内开始出现经贸英语课程。

在 20 世纪 90 年代，我国确立了市场经济体制。中国经济逐步与世界接轨，进出口贸易发展迅速，社会对商务英语类人才需求急剧增加。社会主义市场经济对英语人才培养提出了新要求。为满足社会发展需求，我国高校由培养英语专业人才转向培养复合型人才。社会对英语语言学研究人员及与英语相关的外交、法律、贸易、新闻等相结合的复合型人才都有着很大的需求。社会对商务英语逐渐重视，高校纷纷开设了商务英语相关的课程，初步形成了商务英语课程体系，商务英语热潮就此出现。

进入 21 世纪，随着经济全球化的进一步发展，以及我国加入世界贸易组织，我国进入了经济快速发展的新时期。当今社会对商务英语人才需求的数量和质量有了更高的要求。越来越多的高校设立了商务英语专业，设置了商务英语课程，这代表着商务英语学科受到了认可。

我国商务英语的发展历程，从最初的商务英语类课程教学，逐步发展成20世纪八九十年代的商务英语课程体系，再到21世纪的商务英语专业。商务英语教学从无到有不断发展，学科体系逐渐形成。

二、商务英语发展存在的问题

（一）教学目标不明确

商务英语专业是一个复合型新专业，学科建设刚刚起步，与英语类的其他专业和复合项商科类专业相比，商务英语专业还很不健全。如果只是修修补补，不建立系统的专业规范与标准，漏洞永远修补不完。另外，商务英语专业的发展速度难以保证专业的质量，因为专业建设的规范标准尚未建立，如此快速的发展容易失控。

进入发展时期的国际商务英语专业，要坚持专业内涵建设与发展的方向，适当抑制发展速度，静下心来修炼内功，建立专业标准，研究市场需求，探索多元人才培养模式，全面提高专业教学质量。建立标准的目的是限制或制约，所以商务英语专业如不能及时查缺补漏、控制规模、建立标准、提高质量，任其自由发展下去，势必会导致"跟红顶白"的从众效应。目前，这种从众效应已有所显露，必须尽快建立学科标准加以控制，防止粗制滥造、盲目发展的势头蔓延。

（二）课程设置不够合理

商务英语教学内容涉及面广，课程设置是商务英语专业面临的难题。设置什么课程，如何合理设置课程，都是需要考虑的问题。商务英语专业仅有十几年的历史，可借鉴的经验不多。当前，许多高校在课程设置方面存在不合理的情况，亟须改进。此外，商务英语专业课程设置应既顾及商务英语基础知识，还应合理安排商务英语专业技能。

语言是文化的载体，是人与人之间交流思想的媒介，与商务英语紧密相连的还有其承载的政治、经济、社会、历史、地理、文化、科学、技术、学术、教育等方方面面的内容。因此，商务英语专业课程设置不能忽视语言的这种重要功能，片面地、割裂地强调语言知识与技能的传授，将语言学习与语言承载的文化等实质内容割裂开来，造成语言学习的单调乏味，降低学生学习的积极性。

（三）师资力量薄弱

师资问题是商务英语专业的首要问题。教师是教学之本，俗话说，师高弟子强,这句话说明了教师对于人才培养的重要性。全国已有近千所大专院校开设了商务英语专业,但是,如此庞大的办学规模,却没有一所培养商务英语专业教师的学校,这不能不是一个问题。事物的发展与变化,在某个阶段内会存在混乱与失衡的状态,这是不可避免的。商务英语专业的当务之急就是培养与培训自己的专业教师。师资培养主要可以通过正规教育和在职培训的方法来解决。这应该成为各级学校的首要任务。

(四)教学模式陈旧

传统简单的教学模式影响着学生学习商务英语的兴趣,是当前商务英语发展存在的问题之一。从我国的现实情况看,20世纪90年代以前都是以教师为中心的传统教学模式。教师是英语语言知识的传授者,并且掌控整个教学活动的进程;学生是知识和技能的传授对象,是外部刺激的被动接受者;教学媒体是教师简单的展示工具;教材几乎是学生唯一的学习内容,是教师向学生传输知识和技能的主要来源。

不可否认,这种模式有利于教师主导作用的发挥,便于教师组织和监控整个教学活动的进程,有利于教师系统地讲授语法、词汇等语言知识,也能在一定程度上发展学生的听、说、读、写等语言技能。

但是,这种教学模式也有严重弊病:由教师主宰的课堂教学,忽视学生在学习中的主体作用,同时也将语言的学习与社会和文化隔离开来,降低了学习的趣味性和实用性,影响了学生学习主动性和能动性的发挥,不利于培养学生实际综合运用语言的能力,也不利于培养具有创新思维和创新能力的人才。在这种教学模式下,强调学习的过程就是要消化、理解教师讲授的学习内容,把学生当作语言知识灌输的对象,机械地培养学生对语言技能的掌握,忽视了学生是有思想、有感情、有需要和能够交流的人,是具有主观能动性、自主性和创造性思维的人。这种以教师为中心的教学模式,使学生在学习中形成被动、盲目和消极的状态,作为学习主体的学生其主动性无从发挥,严重影响了大学英语学习的成效。

三、当代商务英语发展趋势

(一)完善人才培养定位

商务英语专业是我国高等教育学科创新的结果。在大数据时代,面对第四次智能机器革命的到来,商务英语专业建设一定要把创新作为专业核心来打造。创新包括思维创新、能力创新、专业创新和人才创新。在所有创新中,思维创新是最重要的，没有思维创新，一切创新都不存在。商务英语专业与学科的创新，需要打破传统思维的局限，打破既得优势的束缚，走出"象牙塔"，置身国际商务，拥抱新生事物，与时俱进，不断调整教学内容、教学方法与教学程式，培养国家之需、市场之需、个人之需的"三需求"人才。

商务英语专业是培养国际化人才的专业。由于几十年来商务英语一直处在"括号内"或"计划外"招生的处境中，社会对商务英语专业并不真正了解，很多人对商务英语与英语专业的差别似懂非懂，甚至连一些商务英语教师与毕业生也不能准确解释商务英语的真正含义，所以大力宣传商务英语专业与学科是商务英语界广大同仁的责任与义务。

在这个市场化、网络化、大数据化时代，不懂得推广、宣传自己，就不能轻易被市场所认同，"酒香不怕巷子深"的时代已经一去不复返了。这是一个创新时代，在这样一个信息立体化发展的时代，酒要更香，物要更美，同时更要注重推广自己。商务英语专业建设要走出"象牙塔"，跳出"四堵墙"内的模拟环境，进入真实世界，亮剑市场，求真务实，接受市场的洗礼与检验，在竞争中求生存、谋发展。

（二）学科聚焦

进入发展时期的商务英语专业与学科要有聚焦，聚焦就是收窄研究面，提高研究的成像力度。研究面收窄了，研究力度才会增大，学科研究才会有新突破、新成就。商务英语学科的主要研究对象是商务英语专业，尤其是构成专业的第一要素——国际商务英语语言。学科聚焦要定位在"三化"问题上。所谓"三化"，就是商务英语专业的"系统化、标准化、规范化"。"三化"问题将是商务英语学科研究在发展时期的聚焦点。

"系统化"是指采用一定的方式，对已经形成的专业学科理论性研究或流程进行归类、整理或加工，使其集中起来，并根据一定的逻辑、增值理论进行系统排列，以便于知识的衔接与掌握。有关资料表明，在国内外各种各样的学术刊物上发表的商务英语专业与学科研究论文已有近万篇，但缺乏系统性和体系性，只见树木，不见森林。系统化就是要把零零散散甚至杂乱无章的研究结果梳理归类，形成专业格局。

"标准化"是用来判定教学效果、学习效果、人才质量的根据，其中包含用来衡量办学、教学、师资、人才、毕业生等标准的规则、概念或特性定义，以确保教学与人才培养的科学性与统一性。

"规范化"是对专业教学中的重复性事物和概念，通过制订、发布和实施标准（规范、规程和制度等）达到统一，以获得最佳社会效益。规范化与标准化的差别是，标准化是最低限度的达标，是宏观层面的要求，而规范化则是相对微观层面的要求、规定或程序，是实施标准化过程中的具体措施；标准是用来作为终端检验的，而规范则是用来约束实施行为的；标准是最低限度的结果，而规范则是最大限度的要求；标准聚焦于结果，规范聚焦于过程。

（三）应对大数据时代

商务英语专业是国际化与改革开放的产物。而今，改革开放更加深入，国际化更加向高端发展，我们将面临一个大数据时代，一个高智能机器时代，一个电子商务时代，一个云时代。中国经济的转型与持续发展，将不断释放出巨大的消费和投资需求，给国外投资者带来更多的合作机会。大规模的外贸与投资势头，对商务英语专业人才的需求将是巨大的。商务英语专业的发展之路既充满机遇，也充满挑战。

大数据时代对商务英语专业人才的培养提出了新的课题。数据是为决策服务的，所以，商务英语人才要应对大数据时代，处理数据的能力就成了关键。商务英语人才是国际化人才。面对"大、多、泛、快"的大数据，商务英语人才必须具备发现、处理、利用这些大数据的能力。

（四）商务英语语言学时代到来

继商务英语专业正式获批之后，商务英语专业及学科的研究方兴未艾，商务英语语言学的轮廓正在形成。

2013年，王立飞与马荣合作撰文指出："商务英语语言学是从国外语言学中派生出来的一门新学科，从不同的理论语言学视角研究英语在国际商务中的应用，包括13个分支学科和内容。"

2014年5月在北京召开的"从商务英语走向商务英语语言学"大会是一个划时代的盛会，是商务英语语言学的奠基大会。这次会议主题涵盖了16项商务英语语言研究领域的内容，体现了一个更加完整的商务英语语言学的框架体系。

商务英语语言学犹如一片蓝色海洋，具有非常丰富而广袤的开发前景。借助语言学的研究方法和理论，对这一领域进行开发是大有可为的。

商务英语与普通英语不同，它是国际商务的语言，是国际化语言，是传递科学信息的语言，是进行商务交流与贸易往来的语言，是讲求利润的语言，所以才有人把它称作"赚钱的语言"。商务英语是建立在普通英语语言之上的行业语言。这种语言简单而明了，艺术且朴实，准确而不晦涩，直接而求实效。它是一种名副其实的国际化语言。所以研究这样一种特殊语言，与研究文学语言不同，与研究日常语言也不同，既要充分利用现有语言学的理论与方法，同时又不能为其所束缚。商务英语语言研究重点是要研究这种语言的经济价值、管理效用、商务功能、投资功能、创新功能、国际功能、发展功能，社会功能等。

国际商务语言学应该是一个更大的学科范畴。商务英语语言学所涉及的是国际商务英语语言理论研究的总和，而国际商务语言学则包括商务英语语言学在内的所有不同国家商务语言的大商务语言学科。商务英语是前两次工业革命（机器革命和电力革命）的结果。这两次工业革命也导致了现代语言学的形成和发展。国际商务英语是第三次工业革命（信息技术革命）和国际化以及全球经济一体化的结果。第三次工业革命刺激了应用语言学的形成和发展，新行业的形成与壮大也导致了特殊用途英语（ESP）理念的出现。随着20世纪后期中国改革开放，国际商务英语专业在我国开始形成并得到了巨大发展。目前，我们将面临第四次工业革命的到来，这将是大数据时代的智能机器革命。大数据智能机器时代，生产力与生产工具将以高科技、智能化的形式，以更迅猛的速度发展，国际商务活动将更加频繁和普及。

一个更加多元化的国际商务语言体系将逐步形成。国际商务知识、商务词汇、商务文化、商务法律等将得到全方位发展。尤其是电子商务的出现，彻底改变了有史以来的商务模式，也将带来其他相关领域的颠覆性变革。一个多元化、全方位、多语言的大数据智能机器时代，必然会导致语言学的全方位发展。这就预示着国际商务语言时代的到来。商务语言学这课大树即将呈现枝繁叶茂的景象，到那时，真正意义上的国际商务语言学才会形成。

（五）开发职业英语培训

目前，商务英语专业只关注校内课堂教学，而且更多地关注在学历教育上。随着市场的不断成熟，与办学机构的不断增加，随着公共英语水平的不断提高，商务英语专业的招生量会逐步减少。然而，职业商务英语培训的市场需求会大量增加。

商务英语专业所教授的英语是普通商务英语，而职业商务英语则是专业性很强的商务英语。这种专业性很强的英语适用面较窄，只局限于某些企业、公司、机构自己范围内的使用，如民航的空中服务英语、地勤服务英语、机械检修英语、质量检查英语、海关英语、检疫英语等，各不相同，各不相通，专业化程度很高，适用面又很窄；又如银行英语、人力资源管理英语、市场营销英语、保险英语、投资英语等，专业性较强，适用面相对较窄，不适宜大学专业开设，但企业又十分需要。

在将来的国际商务活动中，这种职业性英语有极大的市场需求空间。商务英语专业和学科研究要走出校园，进入商务领域，把理论与实际切实结合起来，向职业化、专业化商务英语领域进军和转化。

职业商务英语教育是市场化的另一种理念，是以培训为主导的教学形式，而其特点是量身定做、基于需求、周期短、见效快等。通过培训既可以提高客户的职业英语水平，又可以为教师提供接触商务实践的机会，同时还可能为学生创业与就业创造机会。随着国际化的不断发展，以及改革开放的不断深入，商务英语培训的社会需求将会越来越大，所以，社会培训将是商务英语专业发展的一个广袤领域、一个新的增长点。大学要做好这个准备，提前做好培训师的培训，学会培训诊断、培训设计、培训实施、培训评估等，而不能简单地把课堂教学模式移植到企业培训中来。

（六）商务英语专业建设前景展望

要生存就要直面挑战与竞争，商务英语专业的发展历程证明，竞争力来自跨界复合，最彻底的竞争是跨界竞争。商务英语专业要想持续发展，不断壮大，不被时代所淘汰，不被其他专业所挤垮，就必须充分利用好跨界复合的创新理念，建立动态化的专业机制。

1. 突出商务英语专业性

商务英语专业是英语类三大专业之一，应该首先处理好与另外两大专业（英语专业以及翻译专业）的关系。英语类三大专业各有自己的专业侧重，商务英语专业与学科要牢牢把握好国际商务英语这个主体，坚持以"商"为核心的复合战略，加强专业与学科的商性、商知、商技、商能的研究，培养通语精商的高素质的一流国际化管理与服务型人才。

2. 职业化商务英语

职业英语与专业英语经常被混淆，其实是不一样的。职业英语是某些行业领域专用的英语，如金融英语、民航英语、医学英语、法律英语等；而专业英语是指以英语为专业的英语，比如专业英语四、八级考试就是专为英语专业设计的水平考试，但专业英语不一定是职业英语。由此来看，特殊用途英语应该是职业英语的范畴。

在我国高等院校中，英语教学可以分为四大类，除英语类三大专业（英语专业、翻译专业、商务英语专业）外，还有一支非常庞大的英语教学体系，传统称为公共英语，也叫作大学英语。公共英语这个名称其实有一定的误导性，公共英语并不是public English，而是English for non-English majors，也就是非英语专业所学的英语。其实，这种所谓的公共英语才应该是真正意义上的专业英语，而英语专业最多只能是文学专业英语。公共英语是一个多年来被忽略的领域，但也是一个非常值得开发的领域。如果这个领域得不到开发，仅靠英语类三大专业是不足以支撑国际化这个大舞台的。可以说，公共英语培养出来的人才才是国际化人才的主流。

中国要国际化，要走出去，需要大量的各行各业的国际化人才。这就需要各种不同专业的人才都提高他们的职业英语水平和语言应用能力。我国要实施"走出去"战略，必须把所谓的"公共英语"专业化。否则，语言将成为我国"走出去"战略的拦路虎。

所谓公共英语"专业化"，不是把公共英语变成一个专业，而是要把高等学校所开设的公共英语都变成与各专业相一致的专业式英语，比如医学专业—医学英语、美术专业—美术英语、电子商务专业—电子商务英语等。这就是商务英语专业模式。我们在国际商务活动中经常遇到一些中东、印度或东南亚地区的商务人士，他们讲的英语很不标准但却很流利、很专业。这与他们接受的英语教育有关。我国要培养国际化人才，职业英语教育才是重点，而走英语职业化的路子，首先缺乏的是教师。商务英语学科要把我国公共英语专业化作为一个重点开发领域，尤其要把职业英语教师培养与培训作为学科建设的重点研究方向。

现象虽然存在，但是并不多见。在遇到这类情况时，还可以采用一些其他的方法进行处理，如在面对词义的不对等时，可以使用近义词进行处理。在不影响理解的情况下，还可以使用音译法。

3. 尽量避免错误

在翻译尤其是汉译英时，如果想当然地站在汉语的角度去审视翻译出来的英语的正确性，就会出现翻译错误，从而造成信息传递的不顺畅，让人感到不知所云。因此，翻译工作要求译者态度认真，勤于思考，不耻就问。对于商务英语翻译来说更是如此。在翻译过程中，即使遇到最常用的词或词组，只要有一点迟疑，也应当谨慎，不能望文生义，或采用生搬硬套、"对号入座"的译法。商务英语翻译中常见的错误主要有词汇错误和语法错误两种。

(二) 注意文化差异策略

由于中西文化的历史背景与发展历程不同，中西方人在思维方式与表达方式等方面具有很大差异。这种差异导致源语系统与译入语系统无论是在语言风格、语篇文体等方面，还是在文化意识、风俗习惯等方面都具有各自独有的特征。因此，翻译就不仅是不同语言之间的交换，更是不同文化之间的交换。也就是说，翻译不仅仅是单纯的语言行为，其中还包含着深厚的文化内涵。这就要求我们在进行商务英语翻译时，不仅要追求语义与功能的对等，还要实现文化上的功能等值。这就是注意文化差异的策略。要做到最大化地实现原文文本所要表达的交际效果，达到文化功能对等，可以从以下四个方面入手。

1. 音译策略

在上述处理不可译性的论述中，已经提到过可以采用音译的处理策略。事实上，音译也是基于文化差异的具体策略之一。音译是一种译音代义的处理策略。这种策略在翻译中所起的作用一直是很重要的。例如，trust 托拉斯、Coca Cola 可口可乐、cheese 芝士、golf 高尔夫、sofa 沙发等。

此外，随着国际交流的发展，汉语中词汇也通过音译进入了英语，例如，太极拳 taijiquan、功夫 kung fu、饺子 jiaozi 等。

2. 归化策略

归化策略要求翻译者在翻译时以目的语为归宿对源语在语言、习惯、文化等方面进行处理，从而使翻译实现动态对等或功能对等。对于翻译来说，应追求动态对等的实现，即通过翻译，使源语在语言形式、文化等方面符合目的语

第二章 当代商务英语的语言特征

当前,商务英语的应用越来越广泛,而正确理解和使用商务英语语言对于商务活动的顺利进行具有重要的意义。因此,对于商务英语来说,对其语言特征进行分析和研究,具有重要的意义。本章就从词汇、语篇、句法、修辞四个方面对商务英语的语言特征进行全面的分析和研究。

第一节 当代商务英语的词汇特征

一、多用意义单一、具体的词

对于普通英语来说,其在语言上,经常追求文采,在词汇上主要表现为多使用各种词义丰富、灵活的词汇。而对于商务英语来说,其强调的是语言的实用,因此,在词汇上通常使用意义较为单一的词,从而保证文章和语言的准确、正式和严谨。尤其是在商务英语的合同、协议等文体中,涉及价格、时间、数量、规格等信息时,为了能够清楚、准确地传达信息,保证商务活动顺利进行,在商务语言中,通常是使用具体的数字和日期等。

二、多使用专业词

商务英语属于应用性语言学科。它涉及的领域众多,包括国际贸易、经济学、金融、保险、广告等,因此,其在语言上也包含了各个领域的专业术语。专业术语的使用,要求词语的意义是单一的,避免多义或歧义。专业词通常都是固定的,是不能被随意更改的。商务英语由于涉及的领域较多,因此,其专业术语也较为丰富,这些术语体现了明显的行业知识。

国际贸易方面:free on board(离岸价),standby letter of credit(备用信用证),letter of guarantee(银行保函)。

经济学方面:Gross National Product(国民生产总值),demand curve(需求曲线),bond yield(债券收益),comparative advantage(比较优势)。

金融方面:fiscal deficit(财政赤字),contract curve(契约曲线),to ease

monetary policy（放松银根）。

营销方面：attitude tests（态度测试），market share（市场份额），after-sales service（售后服务）。

保险方面：absolute liability（绝对责任），force majeure（不可抗力），risk of breakage（破碎险）。

广告方面：appeal（诉求广告），audience share（受众份额），media mix（媒介组合）等。

随着我国的国际化程度不断加深，我国的国际交往也变得越来越频繁，因此，我国的金融业也将朝着更为完善的方向发展。要想促进我国金融业的发展更加完善，就需要对先进国家的经验进行借鉴，在语言上就要借鉴使用国际通用的金融术语。商务英语中的术语应用十分广泛，有的术语仅在某些特定的文体中使用，而有的普通词汇应用于商务文体中，就成了专用术语，且根据使用场合的不同，术语也有着不同的含义。因此，在对商务英语进行翻译时，就必须充分考虑语境，充分理解其特定的含义，并结合商务专业知识，对其进行灵活的翻译。

三、多使用模糊修辞

所谓的模糊修辞，并不是指的词义的模糊或歧义，而是一种特殊的修辞方法。这种修辞方法由于不具有明显的目的性，因此有利于言外之意的表达。例如，在商务谈判中，使用模糊修辞，有利于缓解谈判双方的尴尬，从而为谈判留下回旋的余地。

四、多使用缩略语

在英语中，缩略语即利用几个简单的字母，表达出复杂的含义，简便和快速是缩略语的主要特点。尤其是对于国际商务活动来说，其需要跨国进行，现代通讯方式的发明和应用，极大地促进了国际商务活动的发展。对于跨国商务活动的各方来说，通过电话交谈或发送电文就能够实现跨国商务交流与活动，这也对商务语言提出了简明、便捷的要求。尤其是在现代社会中，人们为了节约成本、提高效率，在交际中也要求简便和快速，因此，在商务英语中，人们也在大量使用缩略语，并不断创造出新的缩略语，如 ADB（Asia Developing Bank）亚洲发展银行，SHIPMT（shipment）装运、装船，MEMO（memorandum）备忘录。在商务英语中，缩略语的简化和构成方式较为丰富，具体来说，主要有以下几种。

（一）首写字母法

首写字母法即用首写字母构成缩略语，是最常见的一种缩写方法。首写字母缩略语经常使用大写字母，字母之间使用或不使用缩写号均可。首字母法构成的缩略语常用于组织名称、票据名称等专有名词的缩写中。如 ISP 即为 Internet Service Provider，意为网络服务商。

（二）谐音缩略法

谐音缩略法即根据单词的发音用一个或多个字母对其进行替代，利用同音或近音字母构成缩略词。这种缩写法常用于单音词和少数双音节词转化为同音字母的缩写词，如 OZ（ounce）盎司。

（三）截词缩略法

截词缩略法是通过截取原词的一部分构成缩略语的方式。截词缩略法又可细分为以下几种情况：一是保留单词的字首，去掉单词的字尾。如 BAL（Balance）余额，INV（Invoice）发票，ASAP（as soon as possible）尽快。二是保留单词的首尾字母，去掉中间部分。如 AMT（amount）数量；FRT（Freight）货运；LN（London）伦敦。三是使用合成词中的第一部分。如 micro（micro computer）微型计算机；post（post code）邮政编码。四是取几个词的首部组合。如 Nabisco（National Biscuit Company）美国饼干公司。五是以辅音为核心组成缩写词。以辅音为核心构成的缩写词（并列的两个相同的辅音字母只用一个），这类缩写法主要用于单词的缩写。它包括利用所有的辅音字母构成缩写词；利用词首的元音字母和其后所有的辅音字母构成缩写词；利用单词的第一音节和第二音节的第一辅音字母构成缩写词；利用第一和第二音节及第三音节的第一辅音字母构成缩写词；利用第一音节和其后所有的辅音字母或部分重要的辅音字母构成缩写词；利用单词首尾两个辅音字母构成缩写词；利用每个音节的第一辅音字母及该词的最后一个辅音字母构成缩写词等。这类缩写词可用大写字母，也可用小写字母，或用大写字母带出小写字母，一般按字母读音，也可拼读，如 MKT（market）市场等。

（四）符号缩略法

符号缩略法即使用相应的符号替代单词的方式，通常用于单位的表示，应用十分广泛，如货币单位 $（dollar），£（pound），¥（RMB）。

（五）代号缩略法

代号缩略法即用代号对单词进行缩略，如 C（medium narrow）中号窄幅——男鞋宽度，F（with freeboard）限制吃水的——海运，Z（Greenwich Mean Time）格林尼治平均时。由于这类缩略语是由代号构成的，因此找不到原词的痕迹。

（六）外来语法

外来语法即借用外来缩略语，如 CONG（Congius）加仑就是英语对拉丁语的借用。

五、多使用成对同义词

商务英语为了确保行文准确，避免产生歧义，经常使用成对同义词。这类词看似重复，实则起着含义互补的作用，可以提高句子的平衡性和语言的音韵美。

在商务英语中，为了保证含义的准确，避免歧义，经常会出现成对使用同义词的现象。虽然其看上去是重复的，但是实际上却在含义上发挥着互补的作用。除了准确的作用外，使用成对同义词在句子的平衡性和语言的音韵美上也发挥着重要的作用。例如，terms and conditions（条款）就是商务英语中经常成对使用的同义词。

六、多使用新词

现代社会的发展日新月异，新生事物的诞生速度越来越快，因此，为了满足表达的需要，就必须不断创造和应用新的词语，商务英语同样如此。例如，随着互联网的发展，在商务英语中出现了一系列新词，如 B2B（business to business）商业机构对商业机构的电子商务。

第二节　当代商务英语的语篇特征

一、商务英语语篇的基本衔接手段

（一）省略

具体来说，省略主要包括以下几种类型。

1. 名词性省略

名词性省略即省略名词词组的中心词，只保留限定词或保留限定词及其前置修饰语。

译例：Attitude surveys focus on customers' perceptions of(...), and attitudes to products and the companies who make them.

译文：顾客态度调查主要是调查顾客对产品及厂家的认识和看法。

本例中，在"perceptions of"后进行了名词性省略，省略了"products and the companies who make them"。

2. 动词性省略

动词性省略指句子中谓语部分的省略，表现为助动词、主动词及全部动词的省略。不定式中存在的动词省略现象，亦可被视为动词性省略。

译例：Under this system, the value of a currency unit was not directly fixed or defined in terms of gold but rather（ ... ）in terms of a currency which was fixed in terms of so much gold.

译文：在这种货币制度下，一货币单位值不是以黄金形式直接确定或规定的，而是以一种由含金度多少而定的货币来确定的。

本例中，在"but rather"后面进行了动词性省略，省略了"was fixed or defined"。

需要注意的是，由于动词词组既可以由实义动词构成，也可以由实义动词加助动词构成，因此，在动词性省略中，有的有助动词，有的则没有。

3. 小句性省略

小句性省略即将整个分句进行省略。小句性省略主要出现在对话中，由于在之前已经提及，因此在后面的对话中再次提到相关内容时，往往会对其进行省略。

译例：A：Do you mean they are both named George？

　　　B：No. One is Samuel，the other is Albert.

译文：A：你是说他们都叫乔治吗？

　　　B：不，一个是塞缪尔，一个是阿尔伯特。

本例中，B在回答A的问题时，在"No"后面进行了小句性省略，但是省略的内容对于理解二者之间的对话没有影响。

（二）替代

替代即用语篇中的其他成分对原成分进行替换。替代主要是通过词句间的结构关系而非意义关系实现照应。替代属于纯粹的语篇衔接手段，此外没有其他功能。具体来说，替代主要包括以下几种类型。

1. 动词性替代

动词性替代即用动词性替代词对动词词组中的中心词或整个动词词组进行替代。动词性替代通常借助助动词实现，如 do、does、did。

译例：A：You think Joan already knows？

B：I think everybody does.

译文：A：你认为琼已经知道了吗？

B：我认为所有人都知道了。

本例中，B 在回答中用"does"对"knows"进行了替代。

2. 名词性替代

名词性替代即用名词性替代词对名词词组的中心词或整个词组进行替代。常用的名词性替代词主要有 one、some、others 等。

译例：For example, technological advance has also had a strong impact on employment and productivity, benefiting some jobs, hurting others.

译文：例如，科技的进步对就业状况和生产力的提高就会产生很大的影响，对某些工作的就业会有利，但对其他工作的就业会造成不利的影响。

本例中，使用"others"对"some other jobs"进行了替代。

3. 小句性替代

小句性替代即用替代词对前文中出现过的名词性小句进行全部或部分内容的替代。小句性替代通常使用形式词 so、this、that 进行替代。

译例：The founder-members of the EEC believed that if the economies of the member states were linked, they would grow together politically. We shall have to wait and see if this is so.

译文：欧洲经济共同体的发起国相信，各成员国如果在经济上联合起来，将在政治上也会共同发展。是否如此，我们将拭目以待。

本例中，使用形式词"so"对前文中的"they would grow together politically"进行替代。

（三）衔接

衔接即语段中部分词在意义上存在某种联系，从而实现语篇的衔接。具体来说，衔接主要包括以下几种类型。

1. 词汇同现

词汇同现即在语篇中使用前后呼应的词语。

译例:When consumers borrow money to buy a house, car or dishwasher, they are paying higher rates because of the deficits.

译文:消费者借钱买房子、汽车或洗碗机时,会因为财政赤字而支付比较高的利率。

本例中,"consumer""money""buy""pay"在意义上是相关的,使用这些词能够使语篇更加完整和连贯。

2. 词汇重复

进行重复的词汇通常都是语篇中的关键词,对其进行重复的作用在于增强气势或增加文章的连贯性。

译例:Lower tariffs will increase the imports of both agricultural and industrial products. Competition from foreign imports will force Chinese producers to lower their price and improve the quality of their products, to the benefit of Chinese consumers. Those firms that cannot compete will have to adjust, with some possibly going bankrupt. Foreign manufacturers operating in China will also provide competition. Local foreign producers have the advantages over importers of being able to use the low-cost labor in China and save the cost of transporting the final products to China. Financial and telecommunications firms in China will have to upgrade their products to deal with foreign competition.

译文:降低关税将增加农产品和工业产品的进口,来自外国进口的竞争将迫使中国生产商降低价格并提高产品质量,使中国消费者受益。那些难以竞争的企业将不得不进行调整,有的可能会破产。在中国经营的外国企业也将参与竞争。当地外国生产商比能够使用低成本劳动力的进口商具有优势,并节省了将最终产品运往中国的成本。中国的金融和电信企业将不得不对产品进行升级,以便同国外进行竞争。

本例中,"competition"重复出现了三次,且其同根词"compete"也在文中出现,这就使得文章的主题变得更加突出。

3. 上下义词

上下义词常用于对概念或性质的界定。上义词通常是抽象的,而下义词通常是具体的,上义词对下义词起界定作用。

译例:Top students allow no interruption of their study time. Once the books are open, phone calls go unanswered, TV unwatched and newspaper unread.

译文:优秀的学生在学习时杜绝任何干扰。只要一打开书,从不接听电话，也不看电视和报纸。

本例中，"interruption"是上义词，界定"phone call""TV""newspaper"等下义词。

4. 相似性

具体而言，相似性又包括同义或近义、反义两种类型。

（1）同义或近义

译例：As dealers, the specialists are charged with maintaining an orderly market in the stocks in which they specialize. In carrying out this responsibility, specialists should be trading against the market that is, buying if the prices of his stocks are declining and selling if they are rising.

译文：作为经销商，专家负责维持他们专业化的股票的有序市场。在履行这一责任时，专家应该与市场进行交易，即如果他的股票价格下跌则买入，上涨则卖出。

（2）反义

译例：When a balance of payments deficit is caused by something considered undesirable（such as heavy dependence on Mid-East oil）, it may be that the government will seek a way to decrease such imports.When the same deficit is caused by something considered desirable（such as contributions to developing countries to foster their economic development）, the government may be willing to draw down its reserves for the purpose.

译文：如果国际收支逆差是由不令人称心如意的原因引起的（例如，过分依赖中东的石油），结果就可能会使政府想方设法减少这类进口。但若国际收支逆差是因令人向往的原因引起的（例如，帮助发展中国家发展经济），政府可能会乐意为此目的降低其官方储备。

二、商务英语语篇的指称衔接

（一）人称指称

人称指称即利用语境中的功能及不同的人称表现指称，其范围与一般的人称代词有所区别，主要是范围有所扩大，除了第一、二、三人称之外，其主格、宾格、形容词所有格、所有格代词等都被包含在内。

（二）指示指称

指示指称即用指示词或限定词、冠词表示指称照应关系。在指示指称中，指示者通常通过表示事物在时间或空间上的远近对所指对象进行指示。指示指称中常用的词有指示指称词和指示副词两种类型。

（三）比较指称

比较指称指的是用比较事物异同的形容词或副词及其比较级所表示的指称。比较指称语包括形容词与副词的比较级、最高级，以及同级结构如 as...as、superior to、inferior to 等。比较指称可以表示相似或相同、相反、比较等三种关系。

三、商务英语语篇的连接

在商务英语中，连接的表达形式多种多样，有连词、动词分词、一般副词、合成副词、介词短语等，在数量上可谓惊人。尽管似乎有大量的连接语可供选择，但是人们实际上很少可以随心所欲，自由取舍，而要受到语域的限制。其中的实际使用情况和特点可通过下列连接手段使用的不同方式和频率得到体现。

（一）增补连接

增补连接用于表示否定、选择、比较等的逻辑关系中。表示不同的关系，所使用的连接词也不同。

1. 表示意义引申

意义的引申属于顺接关系，通常在商务信函中使用，常用的词有 again、also、and、besides 等。

2. 表示举例

表示举例通常使用的是基数词、序数词、副词，常用的词有 incidentally、specifically、in other words 等。

（二）因果连接

因果连接即表示原因、结果、目的、条件等逻辑关系的词语，常用的有 so、therefore、as a result 等。因果连接能够使文章的内容结构变得更加连贯和紧凑。

（三）时间连接

时间连接用于连续、同时、在前、总结等逻辑语义关系，主要利用时间词表达事件的进展等信息。如表示特定时间之前或之后发生的事件或在同一时间发生的事件，常用词有 earlier、next、meanwhile 等。

（四）转折连接

转折连接用于表达对比、修正、排除等关系，能够起到提示语段意义发生改变的作用，常用词有 but、however、still、yet、whereas 等。

（五）空间连接

空间连接用于表示空间概念，通常是方位词，如 above、below、down 等。

第三节　当代商务英语的句法特征

一、使用被动句

在商务英语中，使用被动句在语气上能显得更加委婉和礼貌，在结构上使句子结构更加严密，在意义上表达更加客观、准确。

二、使用复杂句

在商务文体中，有时会有长句出现，甚至长度达到一个段落，其中往往有插入语、从句等限定或说明成分，因此结构较为复杂。

三、使用定语从句

在商务英语中，使用定语从句是为了更加准确、客观和严肃地对相关概念进行阐述。

四、使用状语从句

为了更加精确地描述接受和完成商务业务、商务活动的情况，商务英语中经常使用状语从句，以便对时间、地点、手段、情形等进行准确说明。

五、使用各类套语

人们在长期的商务实践中，逐渐总结出了一些可扩展的包含固定形式的套语，这些套语由于规范性和可模仿性强，交际功能明确，表达方式相对固定而成为篇章组织的手段。套语的使用是商务英语语篇的鲜明特点之一。下面就是商务领域中常用的一些套语及其句式。

（一）邀请

译例：We should appreciate it if you...

译文：如蒙……将不胜感激。

（二）告知

译例：Please be advised that...

译文：请注意……

（三）专营

译例：We deal exclusively in...

译文：我们专营……

（四）随函附上……

译例：Enclosed are...

译文：随函附上……

（五）……由……承担

译例：...be borne by...

译文：……由……承担

（六）确认收到信函

译例：We make acknowledgement to your letter of...

译文：我方确认收到你方……来信。

（七）畅销

译例：...are well-sold.

译文：……畅销。

第四节　当代商务英语的修辞特征

一、词义修辞特征

（一）暗喻

暗喻又称隐喻，是一种含蓄的比喻，本体和喻体同时出现，没有喻词。在商务英语中，暗喻是频繁使用的修辞手段之一。

译例：The exchange rates are eating into our profits, and we can't do anything about it.

译文：汇率变化侵吞了我们的利润，我们却无能为力。

（二）双关

使用双关的修辞，往往能够达到一箭双雕的效果，也能够使语言更加幽默。在商务英语中，通常通过谐音词、多义词等达到双关的效果。

译例：The Self-Made woman. She's living better all the time.

译文：《自我》成就的女性，生活永远如此称心。

这是一本名为《自我》的女性杂志的广告，"Self"一词在其中具有多义性，其既具有自我的含义，同时又是该杂志的名称。通过使用"Self-Made"达到了双关的效果，即阅读自我杂志的女性都能获得生活上的称心，从而为杂志吸引了更多的客户，使杂志得到了很好的宣传。

（三）夸张

夸张是一种在事实基础上对其某一特征进行放大或缩小，从而达到增强效果、抒发情感的修辞方法。在商务英语中，夸张是一种较为常用的修辞方法。虽然夸张会有一定的言过其实，但是必须保证不脱离事物的本质。

译例：They murdered us at the negotiating session.

译文：谈判时他们枪毙了我们的方案。

夸张修辞的使用生动地表达了谈判失败这一结果。

（四）借代

借代即用表示具体形象的词对某一事物或概念进行抽象和引申。借代的修辞手法能够起到修饰语言、引发联想的作用。

译例：Viewing such problems with a humorous eye and avoiding the syndrome of taking yourself too seriously can make all the difference in keeping negotiations on track.

译文：如果用幽默的眼光来看待这些问题，让自己避免过分严肃，对谈判沿着既定的轨道前行具有十分重要的作用。

本例中，利用"eye"一词将眼睛引申为眼光，使表达更加形象生动，能够使过于严肃的对话语气得到缓和。

二、结构修辞特征

（一）倒装句

倒装句即对句子的语序进行改变。在特定的句子结构或需要对特定句子成分进行强调时，通常会使用倒装的修辞方法。

译例1：A sample of a similar cloth, of exactly the same color, which we have in stock, is enclosed.

译例2：Enclosed is a sample of a similar cloth, of exactly the same color, which we have in stock.

译文：附上一块目前有现货的，颜色几乎一样的相似布料。

这两句话的意思是相同的，而语序不同。前一句是正常顺序，后一句则使用了倒装修辞。通过比较可以发现，正常顺序的句子，位于句首的主语较长，给人以头重脚轻的感觉，而使用倒装修辞，会使句子变得更加合理。

（二）反复

反复即对所要强调的内容进行重复，使其能够引起注意。具体来说，反复具有以下三种类型。

1. 重复关键词

对关键词进行重复能够使接收者有意识或无意识地关注被重复的关键词所带来的信息。

译例：She is a leader: a leader in the workplace, a leader in her church, and a leader in the community.

译文：她是领导：是工作上的领导，是教堂的领导，还是社区的领导。

2. 句首重复

重复使用某个单词或词组作为句首的开头。

译例：Increased productivity must be our new motto.

　　　Increased productivity must motivate our every action.

　　　Increased productivity must haunt our dreams.

　　　Increased productivity will ensure our success.

译文：提高生产力必须是我们新的座右铭。

　　　提高生产力必须激励我们的每一个行动。

　　　提高生产力必须时常萦绕在心。

提高生产力将确保我们的成功。

本例中，使用"Increased productivity"进行了句首重复，从而在不同的方面对提高生产力的重要性进行了强调。

3. 句末重复

与句首重复相似，句末重复即使用某一短语或句子在语段的末尾重复出现，从而起到强调的作用。

（三）对比

对比即用平衡对称的句子表达相反的意思。

译例：There is a large group of active and innovative companies who devote themselves to increasing the productivity. While there always is a large group of laggard and stereotyped companies who devote themselves to gnawing government subsidy.

译文：很多积极的、创新的企业都致力于提高生产力。然而还有很多落后的、守旧的企业致力于啃食政府补贴。

三、语篇修辞特征

（一）圆周句

圆周句是应用末端中心原则的一种修辞，因此也称为"掉尾句"。其特点为句子的主要信息出现在句尾，从而起到造成悬念、吸引注意的效果，使读者对这一主要信息形成深刻的印象，以起到强调的效果。圆周句通常是作者有意使用的。圆周句结构严谨，适合在正式语体中应用。在商务英语中，使用圆周句也是出于吸引注意、强调、减弱不利信息的消极影响等目的。

译例：Although profits are down, morale remains high.

译文：尽管利润下降了，但我们的道德水平依然很高。

本例中，使用"although"引导让步状语从句，从而表明后边的部分为该句的重点，属于圆周句的应用。在句中，"profits are down"这一不利的消息被放在前面，"morale remains high"则被放在作为句子中心的后面，从而起到对"morale remains high"这一积极方面的强调，弱化了"profits are down"这一不利消息的消极影响。

（二）松散句

松散句（Loose Sentence）也是复合句，其主句在前，后面通常跟有几个从句，即一些语言学家定义的右分支结构（right-branching structure）。松散句的组织较为松弛，其特点表现为，在句中的任何地方加句号，其结构都是完整的。由于松散句的特点，其通常在对话中使用。

译例：The Buyer may cancel its order through a telegram to the Seller, which is required to get to the latter prior to the beginning of any shipment.

译文：买方可以通过电报通知卖方取消订货，但此电报需在货物装运之前到达卖方。

本例中，句子的主旨为取消订单，被放在句子的前半部分，后半部分则对主旨进行了进一步的说明。

发生变化。如表示与过去相反的虚拟语气，从句动词用过去完成时，主句用would/should+have+动词过去分词。

2. 形式词

形式词主要指"虚词"，即介词、连接词（并列连接词、从属连接词）、关系代词、关系副词、冠词、连接副词（如secondly, moreover, worse, still 等）。以上英语的形合手段，汉语比较缺乏。例如，表示过去的概念，动词本身没有什么变化，可以通过增加词来表达。

译例：He used to be a big boss.

译文：他做过大老板。

原文"used"是过去时态，汉语译文通过"过"来表示过去的概念。还可以种增加词：他过去曾做过大老板。

（二）英语的意合

英语的意合情况不多，主要有以下几种情况。

①某些固定的成语、习语、哲理性语言。

Man proposes, God disposes.

No pains, no gains.

First come, first serve.

②以时间顺序和逻辑顺序意合成的句子。

Work harder, you will meet the deadline.

Let the situation be ever gloomy, we should finish shipping the cargoes today.

③形式词简约后构成的意合句。

How many workers (whom) do you think will join the strike?

以上例句属于英语中少数的意合句子，没有使用表示形合的词汇。如果将意合的句子变成形合的句子，就必须加形合词汇。例如，"When you first come, you will be first served."句子中加入了when等形合词汇。

总的说来，英语的意合只是少数情况，而形合是英语的最大特征。换言之，英语的篇章、句子要求完整，必须使用那些构成形合手段的词从而使句子、篇章合乎语法习惯。知道了这一点，在翻译时就可以根据汉语意合的特点，不必将英语的形合手段的词总是翻译出来，例如，"After the contract was signed, the two parties went to dinner."（合同签好，双方赴宴）。当然，如果将这句英语翻译成："签好合同之后，双方去赴宴"也对。但是，译文若能简洁又不影响原文的意思，何乐而不为呢？

第三章 当代商务英语翻译研究

商务英语是属于商务用途的英语，因此其在语言上有其独特的特点和较强的专业性。要做好商务英语翻译，首先必须要充分了解商务英语的语言特点。商务英语翻译有着较强的应用性，因此，应根据不同的文本类型选择合适的翻译标准与策略。最后，翻译者作为商务英语翻译的重要主体，也必须具备一定的能力和素质。

第一节 当代商务英语翻译概述

一、商务英语的内容

根据相关理论，商务英语主要包括三个方面的内容，如图 3-1 所示。

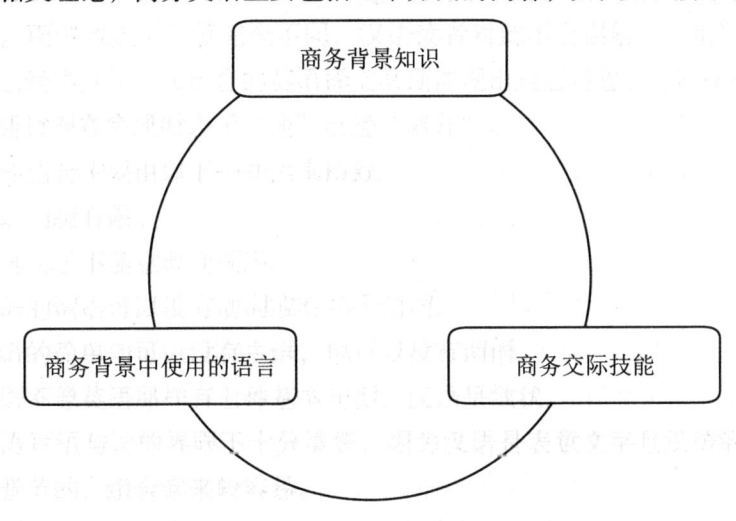

图 3-1 商务英语构成

在商务英语课程中，背景知识部分的内容所占的比例主要是由学生的工作性质和专业化程度决定的。这一部分的知识内容极为丰富，可以分为多个专题，在每个专题之下，相应的还可以细分出多个小专题。背景知识对于特定情景中商务活动中所需要的交际和语言技能起着决定作用。

交际技能是顺利进行商务交际所必须具备的技能，包括语言交际技能和非语言交际技能两方面，其中语言交际技能，又可细分为听/说和读/写两部分，具体如表3-1所示。

表3-1 商务语言交际技能

听/说	读/写
打电话	信函
社交	报告
发言	备忘录
会议	通知便条

在听/说和读/写下面又可分为多项微技能，例如，在商务会议中，需要掌握表示请示、打断、询问、附和以及提出自己观点和意见的技能。

对交际技能的细分，有利于明确交际所需要的语言要素，从而实现有效的交际。要在商务活动中实现有效的交际，除了一定的语言技能外，一些非语言因素也是影响交际进行的重要因素，如交际双方在社会地位、文化背景等方面的差异，以及不同交际策略的使用等。

在商务英语中，语言的使用涉及词汇、句型、篇章、音调等各个方面。在具体的交际情景中，如何正确使用语言，是由交际的内容和技能所决定的。例如，交际的内容决定着专业词汇的选择和使用，交际技能则决定着交际的语调、风格、节奏等。

二、商务英语的特点

商务英语不但具备普通教育学的特点，还具备语言学的特点，同时，商务英语还具备商科理论和知识的特点以及人文理论和知识的特点。

（一）商务英语的普通教育学特点

商务英语是有关商务语言教育一般问题的知识体系，即"语言知识+商务知识+技能操作+人文知识"这样一个体系，是国际贸易专业学生、国际商务专业学生和商务英语专业学生学习专业知识的基础，也是这几个专业的必修课程之一，它的目的在于帮助学生形成基本的商务理念，养成商务操作技能和商务环境下的语言使用技能，具有将学术性与实践性有机结合起来，体现基础性、实用性、通俗性与创新性的特点。商务英语教育主要探讨了商务英语的实质、功能、历史、目的、教师与学生、教学、课程、班级管理、制度、评价等基本问题。因此，它具备普通教育学的特点。

(二)商务英语的语言学特点

商务英语教学是通过语言进行的教学。语言是基础,商务英语教学是语言的具体应用教学,是应用语言学的表现,因此,它具有语言学的特征。通过语言来学习专业知识,在学习专业知识的同时来巩固提升语言。

(三)商科理论知识的特点

商务英语专业课程主要包括西方经济学、商务道德、商务环境、商务策略、商务沟通、商务礼仪、人力资源、企业管理、市场营销、国际贸易、国际商法、国际金融、物流等,这些课程本身就是用语言来表述商科知识的,同时还都要应用商科的理论原理,比如协同论和耗散论等。很明显,商务英语具有商科理论知识的特点。

(四)人文理论知识的特点

人文理论知识也是商务英语中的主要内容,在商务活动实践中,人文素质也是十分必要的。因此,在商务英语的教学中,也应将培养学生较高的人文素质作为教育的主要内容。培养学生形成人文意识、掌握人文方法,丰富学生的人文知识储备,从而使学生具备较高的人文能力和素养,并在商务活动实践中充分展示其良好的品格和积极的风貌。

三、商务英语的作用

(一)商务英语在对外贸易中的作用

随着我国经济的不断发展,我国的对外贸易越来越繁荣,外企的数量也越来越多。开展对外贸易,就需要与不同国家的企业进行交流、谈判等各项商务活动,而这些交流活动都需要以语言为工具。英语作为世界通用的语言,在国际商务活动中发挥着重要的作用,如果不使用英语,跨国商务活动,就难以有效开展。此外,商务英语的使用,对于我国在对外贸易中,谋求地位的提高和利益的增加都具有重要的作用。

(二)商务英语的使用在国际贸易领域不可或缺

当前的时代是知识经济的时代,这也表明在产品的生产中,所蕴含的知识与科技成果也将越来越多,越来越先进,而这一点也成为当前市场竞争中的重要内容。在国际贸易中,人们不仅通过语言进行交往,也进行着信息的传递。因此,国际交流也成为获取新的知识与科技的重要途径,并能够将其引入国内，从而保证自身的竞争力。此外，在国际商务中，通过交际，也能够了解国际市场的最新信息，如新的产品和技术的发展动态等。通过信息的交流和共享，实现双方的共赢。

当前，世界各国普遍使用英语作为通用语言，因此，英语也就成为语言交流的重要媒介，在国际交流中发挥着重要的作用。据相关统计，除以英语为母语的国家外，全球熟练使用英语的人数已达十多亿，而且在全球贸易活动中，使用英语进行交流占比达 70% 以上。而且，在经济全球化和改革开放不断深化的趋势下，我国的对外贸易不断发展，而英语作为世界通用语言，对于我国对外贸易的开展，具有重要的作用。而对于国际贸易来说，普通英语已经远远不能满足其要求了，因此必须加强对商务英语的重视。商务英语包括商务背景、专业知识、交际技能等内容，这些都是普通英语中所不具备的，而正是这些内容在国际商务活动中，发挥着重要的作用。有效使用商务英语，有利于加强双方之间的沟通和交流，避免误解，并形成友好的贸易关系。

在国际商务活动中，使用商务英语能够有效避免双方之间的误会和摩擦。商务英语中含有大量的专业词汇，使用这些词汇就能够使意思表达得更为准确，避免双方在沟通上产生误会，促进商务合作的顺利进行。当双方发生贸易摩擦时，使用商务英语也有利于更好地处理和解决摩擦，维护自身的合法权益。此外，商务英语在国际商务具体的交流、谈判以及信息的共享、技术的引入等方面，都发挥着重要的作用。尤其是在我国对外贸易不断发展的趋势下，商务英语的重要性将会越来越得到凸显。

作为重要的交流工具，商务英语在商务活动中发挥着重要的作用。因此，对于相关人员来说，不仅要掌握相关的贸易知识，还必须充分掌握商务英语的语言特点，了解不同国家在专业术语上的使用习惯。正确使用商务英语，有利于推动国际商务活动的顺利进行，而商务英语的语言若使用不当，则很可能会在国际商务活动中造成不必要的损失。

对于国际贸易来说，商务英语是促成跨国双方达成合作的重要媒介；对于企业来说，良好的商务英语能力是实现与世界接轨的必要条件。对于个人来说，商务英语也是个人在经济全球化发展中获得发展所应具备的重要能力。抓住经济全球化的发展机遇，迎接经济全球化带来的挑战，都需要具备商务英语能力。我国企业要想在全球市场中占据更大的份额，就必须重视商务英语的作用，积极开展国际贸易。

四、商务英语存在的必要性

（一）商务英语是英语教学发展的产物

商务英语虽然是在商务环境中使用的英语，但是其仍然离不开普通英语这一重要基础，普通英语中的一些特点同样存在于商务英语中。从这一方面来说，普通英语教学中的相关理论，同样适用于商务英语教学中，如需求分析理论、建构主义理论、信息论和系统论等。

随着经济的全球化和社会的多元化发展，要求商务英语能够更好地为社会服务，为经济发展服务。因此，在人才培养上，也要求培养出高素质的、全面发展的商务英语人才。商务英语是伴随着语言学研究的发展逐渐产生的。在最初的语言学研究中，研究者将研究的重点放在语言本身，而随着语言学研究的逐渐深入和发展，社会语言学诞生，这就为商务英语作为专门用途语言的发展提供了理论基础。因此，商务英语的出现是历史发展的必然。

（二）商务英语存在的理论依据

根据索绪尔（Saussure）的语言观，语言和言语是两个不同的概念。语言是言语能力的社会产物，是必要的惯例的总和，这种惯例为社会群体所接受，使每个人能进行言语活动。言语是个人运用自己的语言技能时的行为，因此是因人而异的，不同的人语言技能和技巧也是不同的。同时索绪尔还指出，研究语言就是要研究语言的交际性和功能性。所谓的语言功能就是指不同类别的言语行为，功能学派语言学家认为语言的功能就是语言的社会效能。语言具有交际、描述、内心表达等几大功能。专门用途英语是语言的一种功能变体，是专门供特定的社会文化群体所使用的言语范围。其实，在一定的社会文化群体中所特有的一种语言，在语言学中也有其语域。韩礼德（Halliday）认为语域变异是由于语言使用的场合不同而产生的，专门语言都有其专门的词汇和语法，随着语言学的发展，词汇、语体、语域研究不断深入，商务英语存在的理论更加完善。

（三）商务英语存在的教学依据

加入世界贸易组织，标志着中国经济与世界的接轨，中国经济将全面地参与到国际交流与竞争中。国际商务空间的活动范围越来越广，涉及贸易、招商、融资、商务会议、展销等活动。同时与这些经济活动相伴随的是不同文化之间的交流与碰撞，这不仅促进不同国度人民之间的相互了解，也可以促进经济、贸易等各方面的合作。

而随着国际交流与合作的日渐深入，在社会上也产生了越来越多的学习专门用途语言的需求。尤其是在当今社会，英语教学更要求培养具备一定专业知识和扎实英语语言能力的复合型人才，商务英语的教学和人才培养也应如此。

（四）社会发展的迫切需要

商务英语是随着社会的不断发展而产生和发展的。在二战以前，英语的教学主要是对一般性英语知识的教学。而随着英美等主要发达国家在世界经济中的地位不断发展，再加上英语作为世界通用语言的发展。英语逐渐成为国际商务活动中使用的主要语言。因此，便逐渐产生了将商务知识与英语教学相结合的需求，商务英语教学随之诞生。

作为社会活动，社会需求是商务英语教学所需要满足的，商务英语教学在内容、目标、方法上的变化和发展，都以满足社会需求为目的。随着当代社会国际商务实践的不断发展，交际能力成为商务英语教学的主要需求，因此，商务英语教学的重点，也逐渐从语法和翻译向交际能力转移。现代商务英语的教学及相关研究，也都应朝着这一方向发展。

（五）语言理论的发展

语言通常涉及词汇、句型、语法等理论和知识，一般性的英语知识如此，作为专门用途的商务英语同样如此，如果缺少了上述内容，商务英语的存在就会遭到质疑。因此，从这一方面来说，商务英语是伴随着语言理论的发展而发展的。在语言理论的发展过程中，研究者最初关注的是对语音和语义的研究。社会语言学的发展则为商务英语教学提供了理论基础。语篇分析的研究和发展，则使研究者的研究从句子转向了更高的层面，除在句子层面进行分析外，研究者还研究句子如何构成语篇。对目标情景的分析，则实现了与学习者学习动机的联系。随着语言理论研究的进一步发展，研究者又将研究的重点放在对语言使用的思维过程的研究上。这意味着研究重点转向了使学习者能够应对表面形式的技巧和策略。当前，要研究商务英语教学，就必须以学习者对语言学习过程的掌握为基础。

（六）教学形势的发展

商务英语教学能够存在，就是因为其满足了教学中的对象、内容、目标等诸要素。随着世界全球化的发展，一般英语越来越难于满足国际商务活动的需求。因此，为了满足人们在国际商务活动中语言使用的需求，专门的商务英语知识和课程逐渐产生，并出现了对商务英语进行资格认证的考试，并在世界范围内得到了广泛的认可。这些事实，都证明了商务英语及教学存在的必要性和重要性。

五、商务翻译的定位

对商务翻译进行定位，首先要对商务英语有明确的认识和定位。从范畴上来说，商务英语属于专门用途英语，具体来说则体现出了商务与英语相结合的特点。从商务英语专业的人才培养上来看，其目的在于培养具有扎实英语语言功底的，掌握英语、经济学、管理学等相关知识的，熟悉国际贸易规则的，具有较强的跨文化交际、商务实践创新能力和较高人文素养的，从事国际商务工作的复合型、应用型人才。

因此，对于商务翻译，应将其定位为熟悉基本商务理论知识，熟练掌握汉语和英语语言文化，能够满足国际商务翻译工作要求的人才。

六、商务文体的特点

随着文体学的发展和完善，文体学已经成为研究翻译理论和翻译标准的重要理念。英语"style"一词源自"stylus"。古罗马人是用一种叫作"stylus"的尖头铁笔在蜡版上写字，字要写得好，就需要有驾驭铁笔的能力。后来，"sty1us"一词的语义发生演变，形成语义变体，语义不断扩大。在我国，"style"一般被翻译成"风格"，但它还有"文体""作风""语体"等译法，而文体是可以包含风格的，因此，"stylistics"更多地译为"文体学"。

商务文体不同于其他语篇的文体风格。商务语篇涵盖内容广泛，各种语篇的文体特点也都不尽相同，如：商务信函、商务合同等具有公文体特征；商业广告、商标和公示语具有广告体特征；而产品说明书、企业宣传材料等又具有论说体特征。因此，我们有必要首先对商务文体特征进行粗略的梳理，结合商务翻译实例分析了解商务文体专业性、简洁性、严谨性的基本文体特征，然后概括总结商务英语在词汇、句式上的一般性特征，明确商务文体有效传递商务信息的方式，为探讨商务英语的翻译技巧和适用翻译理论提供借鉴意义。

（一）专业性

从语言和问题的角度来说，商务英语在词汇上具有较为明显的专业性特点。特殊语境的存在，也对部分词汇的意义起着影响作用，使其在商务语境中表示着特殊的意义。因此，对于商务英语的翻译来说，必须充分重视语境的作用，不能以一般词汇的含义对其进行理解，而要在商务语境下进行考虑。例如在普通英语中，order 可翻译为"命令"，而在商务英语中，则翻译为"订货"，这即是商务英英语词汇专业性的体现。

（二）简洁性

简洁性是商务文体的一大特点，比如商标、商业广告等力图表达简洁，多用简单句和省略句，旨在最短的时间内给读者留下深刻的印象，吸引读者购买广告中推荐的产品。广告文体的措辞具有简洁明了、创新求异、生动形象、朗朗上口、富有感召力等特点。

耐克的广告语"Just do it"是广告中的经典，既简单清楚又朗朗上口，而且不同的人会产生不同的理解。从消费者的角度，可以理解为我只选择它或就用这个；从商人的角度可以理解为来试试；而将这句话用在日常的生活中就有了更丰富的含义，可以理解为想做就做、说干就干或坚持不懈，等等，具体要根据语境进行翻译理解。

简洁性不仅体现在商业广告中，而且商务英语中的经典句式，如"if available""if possible""if necessary""if practicable"以及"as agreed""as required"等都是简洁性的充分体现。

译例：I am sending a catalogue as required.

译文：我按要求将目录寄出。

这一句式以简洁的用语，增强了其结构的张力。简洁的"as required"可以扩展为"as it is（was/has been/had been）required"。

（三）严谨性

商务英语表达重在传递有效的商务信息，因而其语言结构严谨，有时为了防止可能产生的模糊性，常常借用复合关系副词等手段，以确保商务信息得以明确、完整地传递。利用副词与介词可构成复合关系副词，如here 与 of 构成 hereof。在商务合同或法律文件中，为了保证语言的严谨性，经常出现这种用法。

译例：constitute a breach hereof

译文：构成违反本协议/合同的行为

通过对商务翻译实例的分析，梳理出商务文体在专业性、简洁性、严谨性方面的一般性特征。但需要指出的是，商务语篇内容广泛，各种语篇的文体特点也都不完全一致，具体到词汇和句式的用法上更是如此。在已有研究成果的基础上，通过各种商务语篇的收集、梳理与分析，认为商务词汇和句式分别具有以下特征。

商务英语的词汇以客观、清晰、真实为主要特点，具体表现在：①多使用专门词汇和缩略词；②多使用熟悉的、意义明确、间接的词语；③多使用第三人称或非人格化名词作为主语；④多模糊限制语。模糊限制语在商务语篇中的大量使用可以缓和语气、给双方留有退路进而推进商务活动的开展。

商务英语的句法特征因语篇内容的不同而有所变化。具体来说，广告英语的主要句法特征体现为：大量使用并列句，使语言简洁明了，易于理解；大量采用省略句（如省略主语、谓语、宾语和其他一些成分），尽量采用简单句，避免使用复杂的复合句，以取得语言简短凝练的效果；句式中标点符号的妙用也是其一大特点，即使用逗号、分号、破折号、省略号、感叹号等把句子分割开来，达到增加信息量和感染力的功效；而祈使句、疑问句等句式的频繁使用能激发读者的兴趣和好奇心，促进读者的购买欲望。此外，多用主动语态、少用被动语态，多用肯定句、少用否定句等也是广告英语的明显特点。

商务合同英语的句法特征主要表现在商务合同英语思维缜密、逻辑性强。为了更加严谨地表达语义，很少使用替代或省略的手法；合同条款中有较多的条件句，目的是在行文时尽可能考虑周全，排除各种例外现象；通过使用连词、连接副词、介词短语等连接成分来体现语篇中的种种逻辑关系也是合同英语中的一大特点。

七、商务翻译的原则

（一）内容准确完整

要做到这一原则，要求商务英语的翻译者必须具备扎实的英语功底。因此在商务英语教学中，应重视对学生英语语言基础的教学。当具备足够的英语基础后，则应重点关注商务英语语言的特点以及使用的技巧。

对于商务英语来说，语言必须做到准确，因为在合同等商务文体中，即使出现极小的错误，也可能会造成极大的损失，甚至影响双方的贸易合作关系，导致国际商务贸易的失败。例如，对于数字信息，必须进行反复的核实；对于商务英语中出现的长句，则应理顺其逻辑关系。

在国际商务活动中，进行信息传递时，应保证信息的完整性。例如，有的商务工作者在利用互联网交流和传递信息时，往往自身不对问题进行周全的考虑，因此造成一次交流就能够完成的事情，需要进行多次交流。这不但影响效率，也会影响个人乃至公司的形象，不利于合作的顺利开展和双方合作关系的维持。

（二）表达清楚简洁

清楚简洁的表达，有利于提高商务交流的效率。在商务工作实践中，有的工作者由于自身的英语功底较强，因此，为了展示自己的英语水平，在商务交流中经常使用长篇大论，这就违背了表达清楚简洁的原则，不利于对方的理解，降低了商务交际的效率。

简洁要求商务英语应多使用精练的语言，在词汇上选择使用较多的词汇，尽量避免使用生僻的词汇。在句子上则应注意长短句的搭配，避免使用过长的句子和段落，对于长段落中的不同内容，可以分段叙述。同时，为了保证简洁也不应使用过多的短语，这会给读者过分琐碎的感觉。

对于商务英语来说，清楚的表达能够避免产生不必要的误会，保证商务合作的顺利进行。例如，对于涉及数据的内容，必须使用准确的表达，避免使用about、maybe等不准确的表达。

（三）态度友好坦诚

在商务交际中，应始终保持着友好和坦诚的态度，尽量为对方着想，即使自身一方进行向对方索赔等行为时，也不能因为对方对自身的利益造成了消极影响，而忽视了这一原则。

第二节 当代商务英语翻译的标准与策略

一、商务英语各类文本翻译的标准

（一）商务英语法律文本翻译的标准

商务英语中的法律文本通常是那些具有法律或规范意义的文本，如商务法律条文、商务合同、商务协议等。这一类文本属于表达类文本，准确是其最主要的特点。商务法律类文本的主导功能是表达原作者的意愿，属于权威性言论。此外，商务法律类文本具有法律的约束力，是签订各方的权利义务或当事人应遵守的规定，要求行文严谨、措辞确切。因此，商务法律类文本翻译的标准大体可归纳为准确、规范。

译例：Once the counter-offer has been made, the offer would cease to be valid, and this would become a new offer.

译文1：一旦做了回应，提供就停止生效了，这个回应就形成了新的提供。

译文2：一旦还盘发出，原报盘停止生效，而该还盘成为新的报盘。

上例译文1中，译者对国际贸易术语不了解，对于本句内容分析得也不透，因此译文让人费解。事实上，"offer"与"counter-offer"是指国际贸易中的"发盘"和"还盘"。此外，原文中的"this"指代前面所提到的"counter-offer",应将其译为"这个还盘就成了新的报盘",并且要在"the offer"的译文"报盘"前加上"原"字,这样才能使其意义表达得准确、清楚。译文2符合这一要求。

(二)商务英语广告文本翻译的标准

广告文本是指国际商务英语文本中以呼唤型为主的文本,其最典型的就是广告,此外还包括以劝说和诱导为目的的其他企业的对外宣传材料等。

广告文本的主要目的是诱导读者、推销产品或推出服务,其主要功能是劝导消费者购买商品或服务。为了使这一功能得到充分的发挥,广告文本在语言的使用上力求创新,使其语言具有吸引力。广告类文本不仅要求商品的使用功能与商品的审美功能达到辩证统一,还涉及语言学、心理学、美学、经济学、社会文化等多方面的专业知识。因此,广告类文本的翻译也就不同于其他文体的翻译,既要体现出广告语的字面意思,又要符合深层的语义功能。

具体来说,对广告文本的翻译,翻译者应尊重译入语人群的语言和文化习惯符合译入语人群的需求,从而保证译文能够对译入语人群产生诱导的效果。但是由于不同国家和地区在语言和文化上的差异,要实现对原本的广告文本的对等翻译是极为困难的,因此这就需要翻译者充分发挥自身的主观性和创造能力,对广告文本的翻译进行灵活的变化,不拘泥于表面的表达方式,从而更好地传达其深层的含义。

综上所述,我们可以将商务英语广告文本的翻译标准归纳为等效、诱导、创新。

译例:长城电扇,电扇长城。

译文1:The Great Wall Fan, the Fan of Great Wall.

译文2:A fan is no comparison to the Great Wall, but the Great Wall Fan is just as cool.

这是中国长城牌电扇的广告语。长城是中华民族的象征,在人们心中是历史悠久、雄伟壮丽的形象,将电扇与长城联系起来,给读者传达出了电扇品质优良且经久耐用的信息。对译文1而言,由于英语民族的读者不懂得中国长城蕴含的文化背景知识,因此会给他们不知所云的感觉,更没有突出该电扇所具有的良好品质。而译文2则特意用了"cool"一词,"cool"在这里有一语双关的作用,既指"凉爽",又意为"很棒"。因此,很好地点明了电扇的清凉功能,仿佛瞬间让人产生了一种凉爽的感觉。此外,译义2采用让步句式,能让读者体会到该电扇的优越性能。显然,译文2比译文1更佳。

商务英语广告类文本的翻译允许在继承原文思想内涵的基础上脱离翻译

的框架,目的是为了使译文更加精炼,更加具有可读性,从而突出产品或服务的特性,刺激读者的消费欲望,促成其消费行为。

(三)商务英语公文文本翻译的标准

公文是公司或企业所使用的有关管理、交流、业务对文本,如商务报告、会议记录、公司日程安排乃至商务函电,都属于商务文本的范畴。这一文本属于信息类文本,其主要的特点是简洁,在表达上力求准确、得体。此外,商务文本还具有一定的时效性特征。

综上所述,可以将商务公文文本的翻译标准概括为准确、得体、简洁。

译例:

Dear gentlemen:

I am requested by the Import & Export Department to inform you that the 250 tons of sugar ordered from your company two months ago has not been delivered. Will you be so kind as to institute enquiries concerning this non-delivery? I will be grateful if you would give your reply as soon as possible.

Yours sincerely,

David Smith

Secretary of the Administration

译文:

敬启者:

进出口部请我通知您:两个月前从贵公司订购的250吨蔗糖至今仍未发货,请您过问一下此事宜。请尽快回复,不胜感激。

谨启,

戴维·史密斯

行政管理部秘书

此段译文正确地翻译了原文的信息,并且表达了原文委婉、客气的语气。首先,译文没有将"Dear gentlemen"译成"亲爱的先生们",而是译为"敬启者",既符合汉语读者的习惯,又使译文更加得体。其次,译文没有将"Yours Sincerely"直译成"您忠诚的"这类私密、亲切的信件用语,而是译成"谨启",更加符合汉语的表达习惯。再次,译文将原文中的被动语态译成主动语态,从而更符合汉语的行文习惯。最后,在格式上,译文的格式也符合汉语的信函格式。

(四)商务英语学术文本翻译的标准

商务英语学术文本主要指的是涉及国际商务的具有一定学术价值的文

本，如国际商务相关的学术著作、学术论文、学术报告等。这一类型的文本也属于信息类文本，其最主要的特点是正式。因此其在语言上也多使用较为正式的词汇。为了保证商务英语学术文本的学术价值，因此在翻译时，应当将原文信息忠实准确地翻译出来，同时还要尊重并符合其学术语言的特点。综上所述，可以将商务学术类文本的翻译标准归纳为忠实、完整、准确。

译例：多数出版和录制的大公司都有广泛的外资权益，因此容易受外国竞争影响。如果没有国际版权法，一个外国生产商翻印书或翻录磁带，然后就可以以低廉的价格在它初始生产的国家销售。世界版公约（UCC），作为主要的跨国协定，保障了签署过的版权。

译文：Most large publishing and recording companies have extensive foreign interests and can be influenced easily by foreign competition. If there were no international copyright laws, it would be feasible for a foreign producer to copy a book or tape and then distribute it at low prices in the country where it was first produced. The Universal Copyright Convention (UCC), the major cross-national agreement, honors the copy right laws of signatory states.

上例译文很好地忠实了原文，准确而完整地传达出了原文所要表达的商务信息。此外，译文词汇正式、语言规范，并且做到了文体与源语保持一致。

（五）商务英语合同文本翻译的标准

商务英语合同文本属于契约文体，因此具有语言正式严谨、结构较为固定的特点。因此，对这类文本的翻译应遵循准确完整、通顺得体的标准。

1. 符合契约的文体特点

在商务文本中，正式程度最高的契约文体就是商务合同文本。因此，在对这类文本进行翻译的时候，必须充分体现契约文体的特点。在实践中，商务英语合同文本的翻译已经形成了固定的语言和模式，因此，翻译者在语言的选择和使用上，应尽量符合译入语的契约文体的特点。

译例：The arbitral award is final and binding upon both parties.
译文1：仲裁机构的裁决具有最终效力，双方必须遵照执行。
译文2：仲裁裁决是终局裁决，对双方均有约束力。
上例译文1虽然"忠实"于原文的内容，但这样的表达与汉语合同的习惯表达方式并不相符，因此专业人士读来会显得有些别扭。相比之下，译文2则更为合理。

2. 译文完整，用词准确

商务合同是在商务活动中签署的具有法律地位的文件，具有法律约束力，这就决定了商务英语合同用词必须准确严谨。相应地，合同文本翻译也必须首先做到"准确严谨"，否则可能引起法律纠纷。此外，商务合同文本翻译还要特别注意译文的完整性，这是合同翻译的基础。

译例：Payment: By irrevocable L/C at sight to reach the sellers 30 days before the time of shipment.

译文1：支付：不可撤销的即期信用证装船前30天开到卖方。

译文2：支付：买方应当在装船前30天将不可撤销的即期信用证开到卖方。

译文1是直接按照原文的字面意思进行的翻译，其在内容上不完整，也没有体现出买卖双方的关系。而译文2则将原文中实际隐含的内容翻译了出来，使译文更加完整、严谨。

3. 条理清晰，行文通顺

合同的句式结构一般多为复杂的长句，这是由合同文本语言严谨的特点决定的。也就是说，商务英语的句子应尽量承载更多的信息，且应是完整和严密的，不会引起误解的。这就要求在进行商务英语合同文本的翻译时，要尽量做到译文语言规范、通顺明晰，尤其是在处理长句、复杂句式时更是如此。

译例：The Buyer shall make a claim against the Seller (including replacement of the goods) by the further inspection certificate and all the expenses incurred there from shall be borne by the Seller.

译文1：如果买方向卖方提出索赔（包括换货），并出具相应的检验证明，卖方将支付全部费用。

译文2：买方须凭复检证明书向卖方提出索赔（包括换货），由此引起的全部费用应由卖方负担。

上例中，译文1将买方提出索赔的依据"凭检验证明"译成了一个并列结构，使得译文并没有将原合同中买方提出索赔要符合一定条件的内容体现出来。可以看出，译者对原文陈述的事实条理没有弄清楚，而且译文也未能将卖方应承担哪些法律义务说清楚。一旦产生纠纷，这样的译文是不能解决问题的。而译文2与译文1相比则更加准确，条理更为清晰。

二、商务英语翻译的策略

（一）信息对等策略

英国翻译理论家纽马克（Newmark）提出了文本理论。纽马克将语言的功能与翻译结合起来，从语言功能的角度来分为文本内容与文体。纽马克将各类文本体裁划分为"表达型""信息型""呼唤型"三种类型。通过分析可以发现，商务英语中的文本大多属于信息型文本。此外，也有"呼唤型"的文本，商务广告文本即为商务英语中典型的呼唤型文本。因此，对于商务英语文本的翻译来说，传达真实的信息，使读者在阅读后产生效果，是其核心内容。商务英语的翻译不应只关注表层形式的对等，更重要的实现其在深层功能上的对等。

因此，这里所说的"对等策略"并不是结构上的对等，而是原作者所要表达的真正的信息、风格和功能的对等，也就是译入语文本与原文本在效果上的对等，在语义、文化、风格等信息上的对等。在信息对等策略的要求下，商务文本的翻译不应当仅在字面上实现语码的转换，而是在正确传达原文基本信息的前提下，强调突出表达商务文本的交际意图以及译文在译入语语境中的交际功能。

译例：Things go better with Coca-Cola.
译文：可口可乐，万家欢乐。

对于这一广告，使用了较为简洁的四字结构，生动表达了其品牌形象，将喝此种饮料的欢乐之情表达了出来。此外，劝说消费者购买的说服力跃然字里行间，达到了信息对等的效果。

（二）控制译文策略

该策略即在对商务英语进行翻译时，译者对译文进行一定的控制。具体来说，控制译文策略可以从以下几方面实施。

1. 保持原文的思想风格

在对商务英语进行翻译时，翻译者应当使用符合译入语习惯的语言对原文进行翻译，从而克服在翻译过程源语对翻译的干扰，避免造成机械的翻译，保证译文的生动和流畅。

2. 处理好不可译性

所谓不可译性是指一种源语文本或单位不能翻译成另一种语言或单位，从而无法实现使用两种不同语言的人群之间的沟通或理解。英语和汉语是两种不同的语言，因此，其在语法、结构等方面不可避免地存在一定的差异，而差异的存在有时会导致不可译性的存在。对于这一问题，译者在进行翻译时，必须对英汉在文化、表达方式等方面的差异进行分析，在此基础之上，利用各种翻译技巧，尽量使译文能够表达原文的意思。在商务英语翻译中，不可译的现象虽然存在，但是并不多见。在遇到这类情况时，还可以采用一些其他的方法进行处理，如在面对词义的不对等时，可以使用近义词进行处理，在不影响理解的情况下，还可以使用音译法。

3. 尽量避免错误

在翻译尤其是汉译英时，如果想当然地站在汉语的角度去审视翻译出来的英语的正确性，就会出现翻译错误，从而造成信息传递的不顺畅，让人感到不知所云。因此，翻译工作要求译者态度认真，勤于思考，不懂就问。对于商务英语翻译来说更是如此。在翻译过程中，即使遇到最常用的词或词组，只要有一点迟疑，也应当谨慎，不能望文生义，或采用生搬硬套、"对号入座"的译法。在商务英语翻译中常见的错误主要有词汇错误和语法错误两种。

（三）注重文化差异策略

由于中西文化的历史背景与发展历程不同，中西方人在思维方式与表达方式等方面具有很大差异。这种差异导致源语系统与译入语系统无论是在语言风格、语篇文体等方面，还是在文化意识、风俗习惯等方面都具有各自独有的特征。因此，翻译就不仅是不同语言之间的交换，更是不同文化之间的交换。也就是说，翻译不仅仅是单纯的语言行为，其中还蕴含着深厚的文化内涵。这就要求我们在进行商务英语翻译时，不仅要追求语义与功能的对等，还要实现文化上的功能等值。这就是注意文化差异的策略。要做到最大化地实现原文文本所要表达的交际效果，达到文化功能对等，可以从以下四个方面入手。

1. 音译策略

在上述处理不可译性的论述中，已经提到过可以采用音译的处理策略。事实上，音译也是基于文化差异的具体策略之一。音译是一种译音代义的处理策略，这种策略在翻译中所起的作用一直是很重要的。例如，trust 托拉斯、Coca-Cola 可口可乐、cheese 芝士、golf 高尔夫、sofa 沙发等。

此外，随着国际交流的发展，汉语中词汇也通过音译进入了英语，例如，太极拳 taijiquan、功夫 kung fu、饺子 jiaozi 等。

2. 归化策略

归化策略要求翻译者在翻译时以目的语为归宿对源语在语言、习惯、文化等方面进行处理，从而使翻译实现动态对等或功能对等。对于翻译来说，应追求动态对等的实现，即通过翻译，使源语在语言形式、文化等方面符合目的语的规范。

具体来说，实施归化策略要求翻译者以译入语读者为重点，按照他们的习惯对源语进行翻译。在把握原文意义的基础上，利用译入语的形式，表达相同的意思。采用归化策略翻译出译文，其最大的特点就是用地道的译入语进行表达，没有一点翻译的痕迹。

在不同种类的商务文本翻译过程中，都要注意其特别的文本格式与"交际规约"，在保证信息准确的前提下，在语言层面上对译文做适当的归化处理，以确保信息的准确和读者的理解，从而实现译文的预期目的。

3. 异化策略

异化策略是指在翻译时应当尽量保持源语习语的语言形式，例如，用词、句子结构、比喻手段等，将原文的内容、形式、精神都输入译文中，努力减少翻译中的损失。实施异化策略进行翻译，有利于体现文化的多样性，突出源语与译入语在语言、文化等方面的差异，表现出了一种自主的意识状态。在商务英语的翻译中应用异化策略主要有以下几方面的优点。

①可以提高源语表达在译语中的固定性和统一性，对于译语表达与源语表达在不同语境中的一致对应有着积极的作用。

②有利于使译文体现简洁、独立的特点，同时保持源语的形象、生动。

③有助于提高表达语境的适应性，提高译文的衔接程度，同时还对不同语言之间的词语趋同产生有利的作用。

4. 折中译策略

折中译策略即在进行商务英语翻译时，对原文的意思进行总结，并对原文中的文化意象，进行适当的处理。例如，在英语中有 a literary lion 的意象，如果按照直译的方法进行翻译，则翻译为"文学狮子"，而在汉语中找不到类似的意象，因此，这样的翻译难以为中国读者接受。而在汉语中，有相似的意象，即"泰斗"和"巨匠"，但是在英文中，a literary lion 指的是 a celebrated author，将其翻译为"文学泰斗"或"文学巨匠"在程度上又过高，因此折中翻译为"著名作家"是较为合适的。

第三节　当代商务英语翻译对译者的基本能力要求

一、语言能力

从实质上来说，商务英语翻译属于翻译活动中的一种，因此，对于翻译者来说，其必须具备源语和译入语两种语言的能力。具体来说，语言能力又涉及词汇、句法、语篇等方面的知识和技能。翻译活动实际上就是理解原文并对其进行信息的重组。翻译者的语言能力对翻译有着重要的影响。如果翻译者的源语语言能力不足，就会导致在原文的理解上出现问题。而翻译者译入语能力不足，则会在信息的重组上出现问题。商务英语的翻译还涉及专业概念、术语以及国际商务规则等，这也对商务英语翻译者的语言能力提出了较高的要求。

从本质上来说，翻译就是两种语言间的转换，因此，对于翻译者来说，语言的转换能力就成为其核心能力。实现语言的转换要求翻译者在语言能力的基础上，通过对源语语篇的分析，实现译文与原文在意义上的对等。

首先，语篇分析是语言转换的基础。对源语语篇进行分析要求翻译者具备一定的阅读理解能力。在分析源语语篇时，翻译者要分析的内容包括源语的语境与社会文化背景、源语写作者的意图、翻译的目的与要求等。在此基础上，翻译者还需要进一步对原文的结构、特点、思想等进行深入的分析。可以说，语篇分析是进行翻译的前提和基础。

其次，语言转换要求翻译者具备一定的语篇生成能力。也就是说，翻译者应具备用译入语对源语的信息进行篇章再现的能力。这一能力也是语言转换能力中的核心。针对商务英语的翻译来说，语篇生成能力要求翻译者对源语和译入语的商务文体、修辞等具有一定的了解。

综合来说，商务英语翻译者要想提高自身的语言转换能力，就必须对广泛接触源语和译入语中的各类商务文体，不断理解相关知识和技巧，从而具备处理商务英语翻译中各种问题的能力。对于商务英语翻译人才的培养来说，必须坚持理论与实践相结合，加强对翻译策略的积累和总结，才能够培养出商务英语翻译的专业型、应用型人才。

二、跨文化能力

翻译是对两种语言的转化，因此也属于跨文化交流活动中的一种，这就要求商务英语翻译中必须具备一定的跨文化能力。翻译不仅仅是单纯的语言行为，因为语言是文化的重要组成部分，受到了文化的深刻影响。因此，翻译者如果对于源语和译入语文化没有充分的理解，就难以开展翻译活动。文化与语言的关系也表明，在翻译过程中，文化信息的对等比语义信息的对等更加重要，如果在翻译过程中忽视文化信息，就会导致一定的误解。例如，我国著名的汽车品牌"红旗"，"红"在中国的文化意象中，有着吉祥的语义，给人以积极、愉悦的感情色彩。而在西方人的文化中，red 则有"血腥"和"激进"的意思，因此，如果将其翻译为 red flag，是不合适的，容易引起误会。而采用音译的方法将其翻译为 Hongqi，是较为合适的。

三、国际商务专业知识

商务英语翻译是建立在对国际商务专业的了解和认知上的，因此，国际商务基础理论知识，则是商务英语翻译者进行翻译的基础。具体来说，其主要包括专业术语、商务规范的表达、商务文体的特点、商务活动的语境等内容。因此，对于商务英语翻译者来说，要想做好商务英语翻译，不仅要努力提高自身的翻译技巧，还应充分掌握国际商务专业知识水平，只有这样，才能够在翻译中，解决专业问题带来的挑战。

国际商务活动涉及的领域十分广泛，如食品贸易、服装制品贸易、工业品贸易等，不同的领域都有自身的特殊性。因此，在专业术语的使用上也有所差异。而对于商务英语翻译者来说，要想做好翻译，则必须对相关领域的流程、环节等有充分的了解，从而把握不同领域的专业特点，避免发生误译。

四、翻译职业素质

商务英语翻译的目的是促进跨国商务合作双方的沟通和交流。而不同国家和地区在语言、文化、理念等方面不可避免地会存在差异，一旦不注意，就容易引起误会和摩擦，甚至导致双方的冲突和合作的失败，产生不必要的损失。为了避免这种情况的发生，要求商务英语翻译者必须具备较高的职业素质。具体来说，商务英语翻译的职业素质主要体现在以下三个方面。

一是跨文化沟通能力。即具备处理跨文化交际中的差异问题的理论知识和实践能力。

二是研究新信息的能力。随着时代的发展，在国际商务领域，不断出现着新事物，诞生着新术语。因此，对于商务英语翻译者来说，必须具备一定的研究能力，对新事物和新术语进行研究，使自己的翻译能够满足时代发展的需求。同时，当前的时代是信息化的时代，信息技术的使用对于提高商务英语翻译者的研究能力，具有重要的作用。

三是职业道德。具体来说，商务英语翻译者的职业道德包括严谨的工作态度、实事求是的工作作风和保密意识。商务英语要求信息的传达必须是真实的、准确的、清晰的，因此，要达到这一要求，商务英语翻译者必须保持严谨的工作态度和实事求是的工作作风。在商务活动中，商务英语的翻译通常会涉及商业机密，因此对于商务英语翻译者来说，必须树立保密意识，不能随意泄露商务英语翻译的相关内容，从而给企业造成麻烦和损失。

第四章　比较视角下的当代英汉商务语言

英语作为世界上最常用的语言，在国际商务活动中扮演着非常重要的角色。文化、社会习俗和习惯的共性使得商务交流能够正常进行，而个性使得某些词在源语和目标语言中不完全等同。

第一节　当代英汉商务语言的不同点

一、词汇方面

语言是文化的载体，它记载文化、传递文化，语义中还可蕴含文化因素。当交际双方属于不同的社会文化团体时，就产生了跨文化交际（intercultural communication）。利奇（Leech）于 1983 年提出了礼貌原则，并指出这一原则包含 6 项准则：得体准则、慷慨准则、赞誉准则、谦逊准则、一致准则、同情准则。他认为，语用原则的应用程度因语言社团不同而异，中国人和日本人一般比西方人更看重谦虚的原则。所以中国人在正规商务信函中倾向使用一些有礼节或富有感情色彩的褒词或谦辞，如"台鉴""惠函""惠顾""赐复""奉告""恭候""承蒙""敬悉""贵方""贵公司""阁下""过奖""愚见""敝人"及"敝公司"等。英语旧式信函中也有类似的敬辞，如 your esteemed letter（贵函）、our esteemed clients（我们尊敬的客户）等，但现在均被 your letter、our clients 替代，英美人认为这也不会欠缺礼貌，这可能与他们更注意自我价值的观念有关。

汉语商务还习惯运用文言文单音词，如"均""暨""兹"等，这些单音节词比双音节词更有表现力，显得老练稳重、简洁有力，并能用少量的词语体现较大的信息量，这正符合刘勰《文心雕龙·书记》篇中的"随事之体，贵乎精要。句少一字则义阙，句长一言则辞妨"。

语言具有社会性。对同一件事，不同身份的人用具有不同语体意义的词语来描述。汉语商务信函的称呼和结语更能体现这一特点。汉语称呼用"敬启者""拜复者"等，相应的结语用"敬上""谨上"；称呼用"××先生/

小姐 / 经理"加问候语"你 / 您好",其结语为"敬上";团体单位名称,如"××公司""××商场"等,不加结语,这类信函多见于国内企业商务往来,说明汉语的结语可有可无,它与称呼相对称。英语商务信函中,称呼常用 Dear Sirs/Madams,与其相应的结语 Yours faithfully/Faithfully yours;或称呼用 Dear Gentlemen,相应的结语为 Yours truly/Truly yours;或直接用 Dear Mr./Mrs.XX,相应的结语为 Yours sincerely,这种用法在回复时已从对方的签名得知,也表示已记住对方的名字,显得亲切礼貌。这说明英语的信尾礼辞是信件不可分割的组成部分。

二、句法结构方面

汉语表示礼貌时主要靠词汇手段,英语虽然没有汉语那么多的专用敬语和谦辞,但它有自己的表示尊重和礼貌的形式,可用时态、体态、语态、情态范畴和意态的疑问句式来表示。

英语商务常以一般现在时为主。一般过去时、进行体也可用来表示礼貌的语言行为。利用时态表示礼貌的特殊用法被夸克(Quirk)等人称为"态度过去"。人们常使用一般过去时、进行体表示现在的愿望、请求、建议等,从而产生一种时间上的距离,给对方留下面子,因此表示的是婉转语气,照顾对方的消极面子(negative face),达到消极礼貌(negative politeness)的目的,也符合利奇的策略准则——尽量减少对他人的损失。英语信函中常用情态动词的过去式,如 could、would、should 等加上动词原形构成虚拟语气来表示礼貌的请求。但汉语动词没有时态变化,只有一些文言文时态用语,如"兹""顿""届时"等,当表示礼貌请求、建议或愿望时只有依靠词汇的选择。其中有些从构词上可以看出与敬谦有关的意义成分,如"敬请""深谢""恭候""承蒙"等,这些词语能诉之于对方的感情并调和文章语气。

语态转让的作用主要是转移强调的内容。英语比汉语更经常使用被动语态,因为英语句子与汉语相反,它是从左到右顺线性延伸,呈末端重量趋势,所以英语被动结构能保持句末中心和句末重心,也避免了使用不必要的人称代词,不会有主观的色彩,从而突出了所要谈论及说明的主旨。

"意态"(modulation)的疑问句除了用来表示建议请求这样的求取信息外,还有表达一种客气礼貌的功能。如"Could/Would you please let us have full information on the company's financial position?"向对方提出自己的观点或建议要求本可使用陈述句或祈使句来体现,但为了能给对方留下余地,不使对方为难,发函者使用了含"意态"的疑问句。这些特征是由语旨决定的,属于人际关系，韩礼德称之为语法隐喻（grammatical metaphor）；舍尔解释为间接言语行为（indirect speech act）。

英汉语言在商务信函中平实简洁、准确清楚、礼貌得体、友好热情，正式程度适中，但每种语言有自己独特的文化，不同文化背景的人对同一体裁会用不同的方式组构思路、选词造句、构建篇章。

三、商务英语翻译不对等性的原因

（一）社会认知的不同

各国地理位置、生存环境等方面的不同造成了社会认知的不同。最典型的例子是中西方对于"龙"的认知，汉文化中极为推崇"龙"，并将其视为万物之神。龙是中国历史上一个图腾形象，是中华民族的象征，在中国文化中也有许多关于"龙"的美好成语，如"生龙活虎""龙马精神"等。而在西方文化中则不然，甚至将"dragon"视为不祥、凶恶的怪兽，圣经故事中恶魔撒旦就被认为是"the great dragon"。对此，译者在翻译如"亚洲四小龙"之类的表达时，就不能直译为"Four Asian Dragons"，宜采用"Four Asian Tigers"这样的翻译，更能够被西方人接受。

（二）思维方式的差异

语言是表达思维最有效的工具，思维活动需要借助语言来进行，思维成果也要依赖语言来表达。中国文化习惯从整体上、直观上看问题，强调社团和集体的价值；英美文化习惯于逻辑分析，强调以个人为中心，因而导致语言表达上的种种差异。例如，在姓名、时间、地址的表达方式上，中英两种语言的行文方式明显地体现了这种思维方式的差异，中国文化从大到小，从整体到局部；而西方文化则正好相反。西方人是直线式思维方式，比较直截了当，而中国人则习惯形象思维，在说明问题时爱用意象与比喻。如中文的"山重水复疑无路，柳暗花明又一村"，可以将其译为"One has a sudden glimpse of hope in the midst of despair"（在绝望中突然看见一丝希望）。译文中根本找不到山、水等对应形式，但却直接表达了源语要表达的功能意义。不同文化认知思维方式的差异会对商务英语翻译造成影响，因此，翻译人员要考虑到不同文化背景下的认知思维方式的差异，翻译时尽量做到文化信息传递的对等。

（三）宗教因素的影响

宗教因素是商务活动中看似微不足道但却至关重要的一个因素，宗教国家中人们的思维认知及社会价值观的形成会受到宗教因素的影响。许多西方国家信奉基督教，因此英语中的很多典故来自《圣经》，如 apple of one's eye（掌上明珠）、cast pearls before swine（对牛弹琴）、forbidden fruit（禁果）等；中国人信奉儒、道、佛，所以人们所追求的是信（faithfulness）、智（wit）、礼（etiquette）、义（justice）、仁（benevolence），在对外交往和翻译中必须注意这类差异。

美国第二大烟草企业——雷诺公司因为忽略了目标市场的宗教因素，所以其电视广告在目标市场进行宣传时就遭遇了挫折。"为了一支骆驼，我愿走一里路"是骆驼香烟响彻全球的广告名言，电视画面上的烟民，高跷二郎腿坐在泰国的寺庙前，鞋底磨破的地方特别醒目。该广告在泰国播出后引起非常大的不满，因为泰国盛行佛教，在寺庙面前做出如此荒唐的事情是绝对不允许的。

第二节　当代英汉商务语言的相同点

一、词汇方面

国际商务信函的发函者与受函者都是与商贸有关的人员，所以信函中常使用不必说明就能互相理解的国际性术语或惯用词句，而不使用俚语、方言、模糊语及消极词汇，以免产生误解而引起纠纷。英汉商贸信函的词汇共同特点为礼貌得体、简洁达意、专业惯用、简略形式与简称。

规劝性词汇主要出现在建立业务关系、推销、订购函件中。这些词语常带有广告文体特色，语言亲切活泼，能引起客户兴趣。规劝性词语的运用一方面表示发函者的热情态度，以对方态度（your attitude）为主，另一方面又能进一步促进贸易成功。

二、句法结构方面

英汉商务信函多用小句复合体。小句复合体的使用表示发函者对某事的一种态度，具体为高兴、相信、希望、歉意等，这颇能体现发函者对对方的尊重，该句型以掉尾句与松散句交替使用为特点。商务信函多用松散句式，使读者一目了然。在向对方提出要求、建议时多用条件句更能表达礼貌、委婉的语气。例如，使用 if（如果）条件句使主句表达的内容具有条件性，因而减弱了口气，使提出来的建议听起来更加不肯定，更具有试探性。

第四章　比较视角下的当代英汉商务语言

三、商务翻译中的文体对等

（一）遵循"功能对等"原则进行翻译

1964年，奈达（Nida）在《翻译科学初探》中提出了"形式对等"和"动态对等"两个概念。形式对等是指目的语中的信息应与源语中的不同成分尽可能保持一致；动态对等是指从语义到语体，在目的语中用最贴切的自然对等语再现源语的信息。就形式对等和动态对等而言，奈达更加强调后者。后来，他将其观点综合起来，提出了"功能对等"这一概念。"读者反应论"是"功能对等"理论的核心。奈达指出"翻译是用最恰当、自然和对等的语言从语义到文体再现源语的信息"。例如，"Put all our eggs in one basket"是英语里的俗语，指一个人"孤注一掷"地把所有的钱当作赌注，想冒险发财。此句用中国的俗语"不要在一棵树上吊死"，便可将其文化内涵淋漓尽致地反映出来，真正实现了译文与原文文化信息的对等。

奈达的"功能对等"理论应是指导商务翻译不可译性现象的最适用法则。

译例：For your convenience, we offer a range off conference packages, which we can, of course, extend to meet your requirements.

译文：为方便客户，我们准备了各种会议专案，同时完全可以根据客户的具体要求，随意添加内容。

如将"conference packages"直译为"会议篮子"，读者会不知所云，"conference packages"实际是指酒店为客户所提供的包括全部服务、会议设施及总费用的一整套方案。但如果将其意思全部在译文中表达出来的话会造成译文拖沓，因此宜在汉语中选取意义对等的词语将该单词的意义表达出来。

在商务英语中，为了营造良好的贸易氛围，促成双方交易的达成，礼貌是行文必须遵守的原则，同时也是英汉商务信函翻译的特点。在翻译时，要尽量选择适当的词语，在译文中将原文礼貌委婉的语气准确地表达出来。

（二）强化跨文化意识

不同国家或地区之间文化因素不一样，也许我们了解，也许我们并不知道。这就存在由于跨文化因素而产生的语种间的区别，如果直译某一单词或句子会出现词不达意的现象，甚至会影响我们在国际商务中的经济利益。因此，只有正确理解交际双方民族文化特有的言语和非言语行为功能，了解他们的价值标准，才能较好地解决商务活动中的跨文化交际问题，实现最佳的跨文化交际。从事商务英语翻译活动的译者既要熟悉相关商务专业知识和英语语言特点，又要注意培养商务英语翻译中的文化敏感性，即跨文化意识，尽量使其中的文化信息得到对等的传递。所以，对于文化因素，商务英语翻译者必须保持谨慎的心态和必要的敏感性。

（三）寻找中西文化契合点

由于中西文化差异的客观存在，有时一种文化中的文化信息很难翻译到另一种文化中去，因此，等值的标准就不能完全做到。商务英语翻译者应积极寻找中西文化的契合点，在表达上力求做到译文和原文最大限度的等值。如果能找到两种文化的契合点，当然是最理想的。若找不到两种文化的契合点，在翻译时应体现一定的灵活性，力求寻找表达上的对等语，让两种文化尽可能地接近。

（四）归化与异化

由于语言本身的特点、文化因素的多面性、翻译目的的复杂性和翻译"形势发展"的多变性，因此在理论上，翻译策略的采用是没有统一固定模式的。实际上，影响翻译策略选择的因素是十分复杂的，它不仅仅涉及语言和文化的问题，更涉及文化帝国、语言霸权的内容。在翻译实践过程中，虽然译者可以采用各种各样不同的翻译策略，但自古以来的种种翻译策略可以大致分归为两大类：一类为"归化式"翻译策略；另一类为"异化式"翻译策略。关于归化与异化的概念自翻译活动出现就一直存在。中国译论对从支谦的"文质"之争、玄奘的"求真"与"喻俗"、马建忠的"善译"、严复的"信达雅"、鲁迅的"宁信不顺"、赵景深的"宁顺不信"、傅雷的"神似"、钱钟书的"化境"，到当代许渊冲的"语言竞赛论"等讨论中，可以窥见异化和归化策略概念的存在。

在商务交际过程中，中国读者和外国读者，生活环境不同，文化背景不同，相应地对事物的理解和感受也就有所不同。对于中国的事物，中国读者一看就懂，甚至还能唤起不同的感情和联想，外国读者则不一定明白，更谈不上联想或感情，因此，"归化"翻译策略是更多考虑了目的语读者的可接受程度，降低了阅读翻译作品的难度，容易为目标语读者所接受。然而，"归化"是把一种文化的异质成分转化为另一种文化中人们所熟悉的内容，往往会牺牲原文的附载信息，导致原文的语言及文化特色在很大程度上消失。

第三节 对比语言学视角下的商务英语翻译

一、对比语言学与商务英语翻译

翻译是个比较与决策的过程，译者在翻译过程中必须将原文与译文初稿进行仔细比较，通过比较，译者确定译文是否可取，还需要认真考虑，直到最终确定译文表达了原文的意思为止。这个过程，其实也是一个对原作理解与表达的过程，理解与表达是翻译的最基本程序。翻译过程既然离不开比较，译者就需要对英汉两种语言之间的差异有所了解，这样，在翻译过程中遇到问题时，译者才能知道怎样对比和化解矛盾。

比较与对比是同义词，但又有所不同。就语言学而言，比较是人类认识事物、研究事物的一种基本方法，也是语言学研究的一种基本方法，而对比则是一种更侧重于不同之处的比较，所以有比较语言学和对比语言学之说。

比较语言学是从历时的角度研究语言的科学，它历时地对两种或者两种以上的语言进行比较、分析和研究，目的在于通过重建原始语言，推定各种语言的源流关系，进而阐述它们的体系和特质。与此相反，对比语言学是一门共时语言学，它只是共时地对两种或两种以上的语言进行考察分析，指出它们之间的语音、语法、词汇等各个方面的异同点，并努力运用哲学、心理学、民族学等学科的知识与理论去说明这些异同点之所以产生的根源。

换言之，比较语言学是语言学的一个分支，系统地比较有关语言或一种语言的不同历史阶段的语音、语法和词汇的对应关系。由此可以知道，比较语言学是对一种或一种以上的语言在不同历史时期的有关现象进行对比。

对比语言学的历史不是很长，只有几十年的时间。20 世纪 50 年代诞生的对比语言学是布龙菲尔德（Bloomfield）创立的结构主义语言理论与迅猛发展的外语教育的联合产物。自诞生起到 60 年代中期，对比语言学在美国得到了迅速发展。六七十年代对比语言学在欧洲得到了很大的发展。与比较语言学不同的是，对比语言学涉及不同语系的语言之间的甚至各方言之间的共时性研究。

有人认为，当前对比语言学的发展呈现出如下四个新趋势：①理论对比语言学的研究增多；②应用对比研究更注重与其他应用语言学研究相结合；③对比领域从传统的语音、语法对比向篇章、语用对比扩展；④对对比语言学本身的一些理论、方法问题的探讨不断深入。对比语言学相比之下有很大的实用性,所以,更应该进一步加强对对比语言学的研究,并需要研究其与其他相关学科的关系。

对比语言学的理论意义在于通过对比,使我们加深对所对比语言的认识。对比语言学的应用意义在于对教学和翻译有着重要的作用。如前所述,翻译的过程是一个不断对比的过程。对比语言学的重点是就语言之间的异同进行对比。对比语言学分理论和应用两大部分。

理论部分与音系学、语义学、句法学、语篇学、语用学、文体学、修辞学等有联系,这是因为对比语言学的理论研究是以这些学科为基础的;对比语言学的应用部分主要和翻译学、对比文化学、双语教学等关系密切。

翻译是将一种语言所包含的信息用另一种语言表现出来的过程。为了能最大限度地将源语的信息在译语中传达出来,就必须对比分析,找出两种语言的等值关系和等值成分。在翻译的对比分析过程中,译者需要区分两种语言表达信息的异同。

二、英汉语对比——抽象与具体

英语和汉语是属于两种语系的语言。英语属于日耳曼语系而汉语则属于汉藏语系。英语是拼音文字,汉语是象形文字、表意文字。英语是从综合型向分析型发展的语言,汉语是以分析型为主的语言。综合型语言的特点是语言主要通过词语本身的形态变化来表达其语法意义,如语言的格、数、时态等;分析型语言的特点是该语言的语法关系不像综合型语言那样通过语言本身的形态变化来表达而是通过虚词、词序等手段来表示。例如,汉语的"报盘""谈判""管理"等,在没有上下文的语言环境中,很难看出它们的词性但是在以下的例句中就一目了然。

译例:

本报盘以我方最后确认为准。("报盘"是名词)

请在本月底前向我方报盘。("报盘"是动词)

此次与琼嵩公司的谈判很成功。("谈判"是名词)

总裁正在与琼嵩公司的代表谈判。("谈判"是动词)

他管理一家大型企业。("管理"是动词)

他出色的管理救活了这家公司。("管理"是名词)

译文:

This offer is subject to our final confirmation.

Please offer by the end of this month.

The negotiation with Joansung Company was a great success.

Our president is negotiating with the reps of Joansung Company.

He manages a large enterprise.

He has saved the company from going bankrupt through excellent managerial talent.

第三句的英译中动词用过去时态，因为"谈判"已经是过去的事，汉语没有反映出这种过去的时间，而英语译文必须反映出。又如，第五句中的动词"manages"反映出第三人称单数的变化，即在行为动词后加"s"，汉语"管理"没有这种变化。另外，第六句用了完成时态，因为根据原句，可以理解为：由于"他"的出色管理，"他"已经使一个濒临破产的公司起死回生。所以，尽管中文原句没有像英语那样通过助动词表示完成时态，但是，在英语译文中必须将这种完成时态反映出来。

从以上例子我们知道，在进行商务英汉翻译时，了解英汉语两种语言的差别是非常有必要的。我们说汉语是以分析型语言为主，这是因为汉语也有某些词尾的变化，有表示复数的词"们"，如员工们，经理们；表示指称人或物的"……子"，如胖子、孩子、箱子、刷子、台子等。尽管如此，汉语的词形变化比起英语来少多了，所以我们说汉语是以分析型为主的语言。商务翻译者必须清醒地认识到这点以便在从事国际商务英汉互译时可以灵活掌握翻译规律。

由于英汉语本质上的差异，反映在词汇上还表现为英语词义趋向抽象，而汉语趋向具体。英语的词汇通常比汉语虚，汉语往往将具体的或抽象的事物度量化、单位化。

在进行国际商务翻译时，译者知道了这种情况就可以灵活处理。如前所述，汉语缺少词形和词缀的变化手段，所以，往往以实的形式表达虚的概念，以具体的形象表达抽象的内容。上例中汉语的"报盘""谈判""管理"，看不出是名词还是动词。名词的"具体"与"抽象"在汉语中常常难以辨别。

了解了英语的抽象和汉语的具体的特征，在进行国际商务英汉互译时就可以对抽象与具体的转换采取灵活的方法，换言之，译者翻译时能大胆地使用翻译技巧。根据归纳，可以采用以下几种方式来解决英语的抽象和汉语的具体之间的互相转换，笔者认为这样做对国际商务英汉互译具有指导意义。

①用动词取代抽象名词。英语中大量的表示行为或动作的抽象名词如果照直翻译成汉语，可能会使译文晦涩、不顺，那么可以将这些名词转换成汉语中的其他词类。

译例：These problem concerning the marketing defy easy classification.

译文：这些营销方面的问题难以归类。

译例：The CEO, who is going to resign, surfaces with less visibility in the company strategies decisions.

译文：公司总裁由于准备辞职，在公司的决策过程中不怎么抛头露面了。

以上第一句中的"classification"是抽象名词，汉语译文中将其转换成动词"归类"使其意思更具体化了。第二句中的抽象名词"visibility"在汉语译文中转换成"抛头露面"，因为根据实际情况，总裁经常要为公司的事与人接触，但是由于他准备不干了，所以"不那么见得到"。如果将"less visibility"翻译成"更少见到"似乎不很通顺，而"抛头露面"更符合这句话的背景。

②用范畴词使抽象概念具体化。在汉语中，常常用范畴词（category words）表示行为、现象、属性等概念所属的范畴。翻译时可以将抽象的英语用这些范畴词转换成具体化的汉语，因为如果我们不将英语抽象的概念用具体化的汉语表现出来，译文势必不通顺，或者不能完全表达原文的意思。

译例：The new manager's flexibility has left us a very good impression.

译文：新经理的灵活的工作方法给我们留下了很好的印象。

该例句中的英语"flexibility"是个抽象名词，如果将其翻译成"灵活"也未尝不可，但是根据上下文，应该将它具体化。译文中翻译成了"灵活的工作方法"就将该词所蕴含的深层意思在译入语中表达了出来。

译例：The Chairman said with firmness that if anyone should break the rules of the company, he would certainly be severely punished.

译文：董事长态度坚定地说违反公司规章的人必受到严惩。

该句"firmness"的汉语译文中加了"态度"一词，使"firmness"所蕴含的抽象意义具体化了。

③用具体的词语阐释抽象的词义。英语中有些抽象名词的含义比较笼统和虚幻，翻译成汉语需要进一步加以解释，用汉语词汇来将抽象概念具体化，通常可以采取增词的翻译手法。

译例：Our company's computers have become a fixture in many offices in that country.

译文：我公司生产的电脑已成为那个国家许多公司办公室的必备之物。

译例：We need employees who have such virtues as self-control, order, firmness of mind, industry, honesty and humbleness.

译文：我们需要员工具备这样一些素质：自我克制、有条不紊、坚定信念、工作勤奋、忠诚老实及谦虚恭顺。

以上两个例句中相应的汉译都增加了词语。若不增加词语，原文的抽象概念就不能让读者真正领略到。如order在这表示做事有条不紊，不能仅认为是

"守秩序"；industry 指勤奋，在此处当然是指工作中的勤奋，所以加上"工作"使其具体化。

④用形象性词语使抽象意义具体化（figuration）。英语中的抽象概念尽管在汉语中不容易找到对应的抽象词语来传达，但是汉语中有许多形象性词语，翻译时可以用这些具有丰富形象性的汉语词语来传译英语的抽象概念。

译例：The billionaire left his hometown when he was 19. He arrived in Shanghai in a state of almost utter destitution.

译文：那位亿万富翁十九岁告别家乡，到上海时几乎身无分文。

译例：I talked to him with brutal frankness.

译文：我对他说的话，虽然逆耳，却是忠言。

综合上述英语抽象概念与汉语具体化表现可以知道，在翻译中不能死抠原文词语和语言结构，了解了英语的抽象概念可以用汉语具体表现出来，知道了英汉语抽象与具体的差异，就可以大胆地通过使用汉语不同的词语将英语的抽象转变为汉语的具体。反过来也亦然。从上面的例子可以看出，为了将英语的抽象在汉语译文中具体化往往是通过增词的手段。这些所增的词是以原文为基础的。换言之，翻译者需要理解原文的上下文来揣测英语抽象意义所蕴含的意思。因此，对比英汉语之间的差异对国际商务英汉互译大为有用。

三、英汉语对比——形合与意合

也许商务翻译者在翻译过程中不会想到英汉语有什么形合与意合的区分。不过，任何一个国际商务英汉互译者若能对这两种语言的形合与意合之区别有所了解，就能知道怎样去解决翻译中遇到的问题，因为进行语言对比就是要找到英汉两种语言从不同视角所能发现的差异，翻译者需要面对差异，找到平衡、补偿差异的方法以达到将原文的信息最大限度地传译到译入语中去。

（一）英语形合的表现手段

英语被认为是树形语言，因为在句子的主干上可以添加许多"枝叶"：修饰、限定成分。英语的形合手段主要有以下一些。

1. 形态变化

①内部形态。英语的内部形态主要涉及其构词成分如前缀与后缀。

②附加形态。附加形态主要指英语词的语法变化如名词复数加 s（es），词加 ing，形容词、副词比较级加 er 等。

③外部形态。外部形态主要指构成英语语法的语言附加形态，如英语的所有时态的构成、语态的构成、虚拟语气的构成都必须附加一些词，或使某些词

发生变化。如表示与过去相反的虚拟语气，从句动词用过去完成时，主句用would/should+have+动词过去分词。

2. 形式词

形式词主要指"虚词"，即介词、连接词（并列连接词、从属连接词）、关系代词、关系副词、冠词、连接副词（如 secondly, moreover, worse, still 等）。以上英语的形合手段，汉语比较缺乏。例如，表示过去的概念，动词本身没有什么变化，可以通过增加词来表达。

译例：He used to be a big boss.

译文：他做过大老板。

原文"used"是过去时态，汉语译文通过"过"来表示过去的概念。还可以再增加词：他过去曾做过大老板。

（二）英语的意合

英语的意合情况不多，主要有以下几种情况。

①某些固定的成语、习语、哲理性语言。

Man proposes, God disposes.

No pains, no gains.

First come, first serve.

②以时间顺序和逻辑顺序意合成的句子。

Work harder, you will meet the deadline.

Let the situation be ever gloomy, we should finish shipping the cargoes today.

③形式词简约后构成的意合句。

How many workers（whom）do you think will join the strike?

以上例句属于英语中少数的意合句子，没有使用表示形合的词汇。如果将意合的句子变成形合的句子，就必须加形合词汇。例如，"When you first come, you will be first served." 句子中加入了 when 等形合词汇。

总的说来，英语的意合只是少数情况，而形合是英语的最大特征。换言之，英语的篇章、句子要求完整，必须使用那些构成形合手段的词从而使句子、篇章合乎语法习惯。知道了这一点，在翻译时就可以根据汉语意合的特点，不必将英语的形合手段的词总是翻译出来，例如，"After the contract was signed, the two parties went to dinner."（合同签好，双方赴宴）。当然，如果将这句英语翻译成："签好合同之后，双方去赴宴"也对，但是，译文若能简洁又不影响原文的意思，何乐而不为呢？

（三）汉语的意合

汉语虽然有一些形合手段，但并不经常使用。如"他来了的话，请他立刻到总经理办公室去一趟。"这句话完全可以加上"如果"，"如果他来了的话，……"但是我们说话尽量避免啰唆，往往不需要说出"如果"。

不过这句话翻译成英语时，形合的标记 when 必须使用，如"When he arrives, please tell him to go to the MD's office."如果去掉 When，就不成为一个合乎语法的英语句子。汉语中也有一些形合手段，但形合词远少于英语。英语中的词缀大约有 110 个，而汉语中只有大约 20 个。英语的介词有大约 286 个，而汉语中大约 35 个。英语中连接词、关系代词、关系副词大约共有 100 左右，而汉语中并列连词、从属连词与关联副词配合使用的连接词语总共有 50 个左右。所以，汉语更加趋向于通过意会来传达意思，即意合。

所谓意合，其实就是句子不在乎语言外部形式的链接手段，而主要通过语言形式以外的东西，靠句子内部的逻辑联系给读者更多的想象空间。所以，意合更多地将读者卷入其中。汉语的意合之所以能让汉语读者通过意会理解汉语，主要是因为汉语的约定俗成。例如，汉语"我走了"，句中"我"说话时还没有真正离开。所以将这句话译成英语就必须考虑到汉语的意合在英语中要通过形合表现出来，译为"I am leaving."。英语通过现在进行时表示"马上离开"。而"他走了"就完全不同，汉语读者对此不会误解。"他"在说话的时候已经离开了，重形合的英语译文必须体现出这层意思，"He has left/gone"。通过现在完成时表示"他"已经"离开"。

汉语的意合主要由以下一些因素所致。

①汉语词缀有限。

②汉语句子不随意改变顺序。

③汉语的谓语可以没有动词或有几个动词。

④汉语的简单句可以没有主语，也可以没有谓语。

⑤汉语不像英语那样有七种基本句型，汉语呈散状。

⑥汉语短语与词的界限不十分清楚，因为汉语是表意文字且汉语的语素大多是单音节的，组合起来较容易。

⑦汉语有形合的复合句，但是汉语形合复合句的语序相对固定；汉语还有意合复合句，英语中没有意合复合句。

⑧汉语有公因话题句。关于公因话题句，请看周志培先生的阐述：我们这里讲公因话题中的音义语块就是这种语音和语义都相对独立的短语，相当于古人所说的音句或句读。

总而言之，汉语的意合主要靠意义来组合，而不像英语那样主要靠形合手段来组合。汉语的四字结构充分体现了汉语的意合组合。汉语靠意念去组合，去理解，有"形散而神不散"之特点。人们通常将英语比喻成树，在树干的基础上发展枝叶；汉语被比喻成竹子，枝叶稀疏，但一节节连在一起。

语言的正确与否，一般来说从三个方面判断：语法、逻辑和习惯。语法正确的语言如果不符合逻辑，也被认为是错误的语言，语法和逻辑都正确的语言如果不符合习惯，也被认为是错误的。任何语言一般都存在不符合逻辑的情况，由于约定俗成的习惯，也被认为是正确的。汉语由于是意合为主的语言，比起英语就多一些不符合逻辑但符合习惯的情况。例如，"晒太阳"不可能将"太阳"拿来"晒"逻辑上有问题，但习惯上是对的；"晒衣服"语法上对，逻辑上也对，因为"衣服"是可以拿来晒的。又例如"吃食堂"，中国人自然能理解其真正的含义，但是，初学汉语的英语国家的人可能就不理解，"食堂"怎能拿来吃呢？

正是由于汉语是意合为主的语言，在从事国际商务英汉互译时，若能了解造成英汉语差异的原因，在翻译"晒太阳"和"吃食堂"时就能将原文所蕴含的意思翻译到英语中去"enjoy warmth under the sunshine" "have meals at canteen"，而不会翻译成"shine the sun" "eat the canteen"。

（四）汉语的形合

汉语也有形合的情况。任何语言都有意合与形合两种情况，只不过重点不同而已。形合就是通过语言的表面形式来链接语句，反映出语言的曲折变化。汉语的形合手段类似英语的形合手段。

1. 词缀

汉语大约只有二十几个词缀，如：老、阿、子、儿、头、性、切、可、化等。例如，老王、老李；阿凤、阿男；迫切、贴切；可行性、必要性；经济全球化、现代化；可燃、可溶、可转让。

此外还有大家十分熟悉的形容词后缀"的"和副词后缀"地"。

汉语中有几个和动词连用的词表示动词的状态。"着"表示进行状态，如"工作着"。"了"表示完成的概念，如"完成了任务"。"过"一般表示完成或过去概念，如"我去过英国"。"得"表示动作的程度与结果，如"生活得很好"。以上几个字也和形容词连用，如"这个年轻的企业家正红着呢"。

2. 语音重叠

英语没有语音重叠的现象，语音重叠是汉语的特色，主要是动词和形容词的重叠，如：又说又笑，说说笑笑，干干净净，清清楚楚。

英语的形合与汉语的意合有其文化渊源。语言和文化血肉相连，而文化又与哲学密切相关。语言是文化的载体也是人类思维的载体。一个民族的思维与它的哲学观有关。西方的哲学崇尚"人物分立"，倾向于个体思维，着重形式论证。西方的哲学特征是其科学性，而中国的哲学观主张"天人合一""物我交融"。所以，中国的哲学特征是艺术性的。艺术靠悟性，科学靠论证。

就语言而言，西方语言重形合，讲究语言构件的完整和形式上的链接；汉语则重意合，中国人历来重视人的悟性。所以汉语看似形散英语看似形整；英语的句子、篇章结构似一串葡萄，而汉语的句子、篇章结构好像一盘珍珠。汉语多无主句、主动语态使用较多，连接词使用少，词句讲究平衡、匀称、对仗；而英语结构紧密，主语一般不能省略，非人称主语使用较多，连接词、介词等串联语句的词汇使用较多。这种根深蒂固的语言、文化、哲学影响语言使用者的思维习惯。

作为国际商务英语翻译者，我们必须了解英语和汉语的差异，以便在翻译实践的信息转换过程中，可以大胆地通过译入语的形合或意合手段来达到语言信息的最大限度的传递。

既然英语的形合与汉语的意合的区别主要反映在语言的基本构成方面，国际商务英语翻译者必须从语言的词、短语、句子、语段、篇章入手来探讨国际商务英汉互译。

在了解了英语重形合汉语重意合后，国际商务翻译者在进行英汉互译时处理译文便可大胆地通过各种手段进行转换，以便将原文的信息用自然的译入语表现出来而丝毫不受源语语言结构影响。国际商务涉及各种领域、各种文体，形合与意合就蕴藏在语言的文体之中。如果译者不能正确地将形合语言的信息用意合语言来表达，势必使译入语不通顺，因而影响语义信息和文体风格信息的传递。翻译除了传递文体信息，更重要的是传递语义信息，换言之就是传达原文所蕴含的意思。有些译者往往因为处理不好形合与意合语言的转换，而使其翻译质量受到严重影响。

英语的形合使其英语句子和篇章结构有严密的链接手段，句子主谓分明，从属分明；汉语句子、篇章结构靠逻辑、上下文、语境来黏合篇章结构，不像英语那样主谓分明，翻译时必须灵活处理。

第五章　跨文化交际视角下的当代商务英语翻译

由于当今社会全球经济一体化的不断发展和深入，国家与国家之间的贸易往来和商务交流也变得更加频繁。英语是世界第一大交际语言，在全球经济、文化以及教育等领域的交流与合作中，都起着非常重要的作用。所以，商务英语可以说已经是当前世界经济活动中不可缺少的语言交际工具。本章我们将以跨文化的视角对当代商务英语翻译进行分析。

第一节　文化与语言

一、文化的内涵

（一）文化的基本概念

世界上的学者们对文化的概念有不同的看法，来自不同国家的学者从符号学、价值论、功能性和标准化的角度对文化进行了不同的定义。文化赋予我们反思自我的能力，我们可以通过文化来识别价值并做出选择，并且还可以表达自己、了解自己，承认自己的缺陷，孜孜不倦地追求新的意义，创造成就，从而超越了自己的局限。文化可以被理解为每个人和每个社区的独特特征以及思考和组织生活的方式。文化是每个社会成员都知道的知识和价值观，尽管他们没有专门的研究。文化的含义非常广泛，人类社会创造的所有成就和人类生活的所有方面都可以归入文化范畴，目前这个定义已经被大多数人接受。

另一个流行的说法是，荷兰著名的跨文化管理学者霍夫斯泰德（Hofstede）为了让人们更好地理解文化，将其分为许多的层次，如同洋葱一样。最外层被称为一种符号，如服装、语言、建筑等，可以用肉眼看到；第二层是英雄文化，在一种文化中，人们崇拜的英雄或多或少代表了这种文化中大多数人的性格；第三层是礼仪，在每种文化中，这是用来表达人与自然的独特方式，例如，在我国的重要场合吃饭时的位置安排很有讲究，而日本人进门时要鞠躬脱鞋；最内层是价值观，指什么是好的，什么是坏的，什么是美丽的，什么是丑陋的，这些标准因文化而异。价值观是文化中最深刻和最困难的部分，也是文化的基石。不同的文化对世界和自然以及不同的价值观有不同的理解和观点，这将影响人们的思维方式和行为规范。这种说法使解释难以解释的文化现象变得更加容易，因为它强调了人的作用。

（二）文化的结构

作为一个整体存在的"超个体"，文化的内在本体论是文化结构。文化结构是有机整体文化记忆关系的抽象，文化结构决定了文化的性质和功能。文化结构包括表层文化结构和深层文化结构，文化心理结构是最典型的心理反应。

当然，一个国家的整体文化或特定的文化特征有自己的等级结构。文化层面包括"三层次理论"和"四层次理论"。三层理论认为文化是三层同心圆，表层是物质层，中间层是制度层，深层是心理层。一般来说，物质和有形的变化更容易，而精神和无形的变化更难。

（三）文化的种类

文化随着人类文明的出现和发展而存在，因此，随着人类社会的不断发展，文化发展的成果将会增加。许多学者根据对文化的不同定义选择了不同的分类方法，所以每个分类中使用的标准是否准确仍需要专家和学者进一步讨论。

1. 主文化、亚文化和反文化

主文化是在社会中处于主导地位的正统文化，也可以称为主流文化。例如，在中国封建社会，儒家文化是那个时期占主导地位的主文化，统治者依靠儒家文化的传播来统一人们的思想。在不同的历史时期，一个社会的主要文化也会随着时代的变化而不同。

亚文化是一种在社会中起次要作用的文化。在中国这个多民族国家，占人口大多数的汉族文化是主流文化，而其他55个少数民族的特色文化是所谓的亚文化。

通常，除了一个社会中的主文化和亚文化，还有一种文化叫作反文化。事实上，严格来说，反文化也是一种亚文化。反文化不是贬义词，当一个社会的主流文化已经变得畸形或衰落时，反文化的影响往往可以重振社会文化。例如，新文化运动，尽管它是一种反文化运动，但它的兴起和发展给当时被封建腐朽文化笼罩的中国带来了光明和希望。

2. 民族文化、区域文化和阶层文化

民族文化是世界上不同国家在各自的发展过程中创造的具有自己民族特色的文化类型。可以说，一个民族的文化是其生存和发展的重要标志，也是其历史传承的一个环节。

地域文化主要偏向于地理环境的特征，由于不同的自然条件和地理环境，不同地区形成的文化也会因明显的地域特征而不同，从而形成特定的地域文化。

由于不同社会阶层的职业和社会分工不同，不同阶层的生活方式和文化活动也会因社会地位不同而产生不同的阶级文化。

这些只是介绍的许多文化分类方法中的几个，不同的学者对文化分类有自己的看法和观点，不同的文化分类标准也不同。文化将随着人类文明的不断发展而前进，因此，随着文化内涵和内容的不断丰富，文化的分类也将成为各国学者一段时间内关注的焦点。

（四）文化的特点

1. 文化的人为性

文化必须包含人类活动的痕迹，是一个与"自然"相对的概念。纯粹的自然物体和自然现象不属于文化，经过加工和改造的物质或精神产品包含着人类智慧的结晶，所以它们属于文化。雷电、山脉、河流、动物和植物原本不是文化的一部分，但是当面对太阳、月亮和星星的运行以及雷电的变化时，人们一方面感到恐惧和困惑，另一方面又激起了控制它们的欲望，这样它们就在人类想象中拥有人类的形象和特征，所以就有了关于太阳、月亮、星星以及雷电的神话，并形成了文化。山、河、花、树等不属于文化范畴，但是人类凭借高超的技能，可以在高山上雕刻人物和绘画，建造寺庙，构成各种神话故事，从而成为文化。

2. 文化的传承性

人类文化具有历史连续性，是社会继承的结果，超越个人而存在。在文化传承的过程中，人们总是批判地、选择性地传承，并不断创新和发展，从而形成了一种固定的文化传统。例如，中国文化已经持续了 5 000 年。它独自发芽，慢慢生长，变得更强壮，并且从未停止成为世界文化史上的奇迹。即使现代受到强大的西方资本主义文化的挑战，它也没有失去自己的特色。文化传承与创新的统一是文化延续的保证，传承是文化延续的源泉，创新是文化发展的动力，文化体现了创造的意志力，这不同于本能的生物继承或先天行为方式。

3. 文化的变化性

变化也是文化的特征之一。从历时的角度来看，文化正在变化和发展。随着政治经济的发展和外来文化的入侵，各个时期的文化都得到丰富。古代中国人需要留长辫子和穿民族服装，而在当今的社会中人们很少会选择穿着传统的中国服饰。虽然在服装上发生了巨大的变化，但是并没有影响到我们对自身民族身份的认同，我们依然确定自己是中国人。所以可以看出，文化的发展使得我们没有必要通过服装和其他方式来展示我们的民族身份。

从同步的角度来看，世界科学技术的快速发展和新发明的出现直接关系到文化的变化和发展。由于西方文明的涌入、东方文明的传播以及不同文化之间的碰撞，各民族的文化改变了他们原有的文化模式。例如，英语的广泛推广影响了许多人，在今天的大学校园里，人们习惯于说"Hi""Hello"等西式词语打招呼，几乎不再用"吃了？""去哪？"等。可以看出，随着世界经济和文化的日益融合，所有民族的文化传统都发生了一些变化。

4. 文化的综合统一性

虽然人们很难就文化的概念达成一致，但大多数都同意把文化分为物质文化、制度文化和精神文化这一基本观点。虽然文化的元素和成分是多种多样的，但它们不是简单而孤立的元素或成分，也不是随机拼凑在一起的，相反，它们是相互整合和统一的。这种统一性通常通过共同的价值体系和行为模式表现出来。

5. 文化的发展性

本质上，文化是不断发展和变化的。19世纪进化人类学家认为人类文化从低级进化到高级，从简单进化到复杂。从早期的茹毛饮血到今天的时尚生活，从早期的刀耕火种到今天的自动化和信息化，这些都是文化发展的结果。没有文化的发展，也就没有现代社会或文明。总的来说，文化的稳定是相对的，变化和发展是绝对的。

6. 文化的政治和经济性

政治、经济和文化是一个国家最基本的存在形式。特定的政治和经济决定特定的文化，文化响应特定的政治和经济，人是文化的主体。在阶级社会中，人们被分成不同的阶级，不同阶级的人对文化有不同的需求。因此，不同时期的物质生产水平形成了各种经济关系，影响着文化的生存和发展。与此同时，文化生存的优势和劣势对政治文明和经济发展有着强烈的促进或阻碍作用。开明的政治和文明文化，发达的经济和先进的文化；专制政治和专制文化、落后经济和落后文化是相互依存和影响的客观存在。然而，文化发展和经济发展并不总是同步的。

7. 民族和世界的辩证统一性

每个民族的文化都有自己不同于其他民族的特点，这是文化的民族性。任何形式的民族文化都是为了适应不同阶级、职业、信仰和文化心理以及不同的社会环境和生产条件而形成和发展的。这个民族共有的文化的历史渊源承载着一种普遍一致的文化积累，从而形成了自己的文化特征并促进了其发展，这是一个民族文化包容性的表现。一个多民族国家的文化，将所有民族团结成一个整体，具有共同的心理素质和文化特征。自然，在这个多民族的文化整体中，每个民族仍然保持着自己的文化因素、传统和特点，如自己的语言、习俗、宗教信仰等。因此，文化的民族性是一种多元文化的形式。

文化既是国家的又是世界的。国家和世界的辩证统一，是文化包容性的最突出标志。文化通过各种媒体在世界各国间传播，导致交流和冲突、选择和融合，并导致民族文化的发展或迁移。即使在古代，当交通落后、信息受阻时，世界各国之间的文化交流也总是通过各种渠道进行（如战争、贸易、人员交流等）。中国历史上佛教文化的传入和明代以来的"西学东渐"就是明显的例子。同时，任何一个民族创造的文化，不仅具有民族特色，而且能够积极融入世界文化。只有它在世界文化中占有一定份额，它才能成为一种文化力量。

二、文化的作用与发展

（一）文化的作用

1. 文化帮助人们正确理解世界

在当前的社会生活中，人们普遍认为文化的产生与发展是由于它可以为出生在这个世界上的每个人展示一个可预测的世界，这样人们就可以更加清楚地了解周围的环境，包括自然地理环境、社会经济环境，特别是人类环境，从而通过与他人、社会和自然的适当交流，在这样的环境中更顺利地生存。

2. 文化教会人们行为端正

文化为世界上的每个人提供了现成的行为模式，教导人们如何用同一社会中所有成员都能够接受的方式开展活动，也就是说，根据特定文化的行为准则开展活动。在文化的影响下，人们将在自己成长的过程中逐渐形成和实践文化或形成自己民族的思维方式、世界观、价值观、社会习俗、生活方式、行为准则、道德标准和交流方式，从而使人们感到如鱼得水，能够在特定的社会和文化中应对复杂而艰难的生活环境，从而使人类社会和人类自身健康而顺利地发展。

3. 文化发展已经成为人类生活的基本需求

在生活中，人类有三种需求，分别为基本需求、衍生需求和综合需求。随着文化的迅速和广泛发展，它已经遍布我们生活中的各个角落，已然成了满足人们三种需求的主要手段，并且成了人们生活中的必需品。

（二）文化的发展

1. 文化系统的自我更新

所谓自我更新是指文化系统在基本稳定的基础上通过增值或损益以及文化系统表面结构的变化而发展。这是文化发展的基本方式。在自我更新的文化体系中，文化继承和创新之间总是存在矛盾。如何处理文化传统往往是文化系统顺利发展的关键。

2. 文化的变迁

所谓文化变迁是指文化的跨越式发展或文化的突然变化。文化变化通常表现为文化发展的突然中断或文化停滞。文化停滞的原因可能是人与自然的关系处于简单的平衡状态，这使得文化发展失去了动力。这也可能是文化系统的自我封闭性使得文化系统无法相互交流。也许是因为文化系统之间的不平等对话，处于强势地位的外国文化利用各种优势压制了当地文化的发展，从而使当地文化的发展停滞不前。

三、语言的内涵

（一）语言的结构与功能

1. 语言的结构

从内部结构来看，语言是一个符号系统，但是它在信息量、结构和功能上的复杂性远远超过其他符号系统，如信号灯、交通灯等。语言系统是一个复杂的整体，包括各种分支系统或层次，如音素层次、词汇层次、语法层次等。语言成分通过各种相互关联、相互制约的关系联系在一起，形成一个有序的系统。作为符号的语言单位有两个重要方面：一是表现方面，即发音；二是内容方面，即语义。世界上有成千上万种语言的原因是，当人类创造语言时，在表达意义和内容的语音形式的选择上不一致。一种语言的内部结构是区分一种语言和另一种语言的关键。如果不了解语言的内部结构，就无法识别语言的语音或文字符号，也无法获得语义。那些不掌握英语内部结构的人很难区分不同排列组合后的 26 个字母的含义，不懂中文的西方人只把汉字视为怪异的线条组合。

然而，理解语言内部结构的符号系统并不意味着它完全理解语言符号的含义，即语义。语义的表达或理解不仅应该理解和掌握语言的内部结构，还应该理解和掌握语言的外部结构，即文化结构。

2. 语言的功能

语言是人们记录、传递和保持经验的主要形式。语言对人们的信息处理也有很大的影响。所谓的信息处理是语言的信息处理，语言是区分人类和动物的主要符号。语言的使用是人类一种特殊的高级认知能力。语言本身是一种社会现象，但是人们使用语言，包括理解他人的语言，是一种高级和复杂的认知能力，是人类独有的。

从宏观角度来看，语言的功能指的是语言的思维功能和交际功能，即语言是人们在相互交流中与他人交流的一种手段。事实上，这是人们相互交流的智力活动和心理过程。它体现了语言的交际功能，具有明显的互动特征。

（二）语言的特点

随着人们对语言理解的加深，普遍主义者的观点在语言领域得到了普遍认可。以下是对人类语言共同特征的讨论。

1. 移位性

语言的转变意味着语言使用者可以用他们自己的语言在不同的时间和空间谈论事情。语言的变化使得提到孔子或北极成为可能，尽管前者已经去世超过 2 500 年，而后者远离人们。

2. 任意性

任意性意味着语言符号的形式和意义之间没有天然的联系。任意性的概念最初由索绪尔提出，现在广为人知。语言的任意性表现在以下三个方面。

第一，语素音义关系的任意性。

第二，句法层次的任意性。

第三，约定性的任意性。

3. 二重性

二重性是指语言有两个层次的结构,上层结构的单元由下层结构的元素组成,每一个层次的结构都有自己的原则。语言具有二重性的优势,这使得人类语言具有巨大的创造力。在更高的层次上,上面的单位可以被组合和重组成无数的句子。这种结构上的二重性或语言上的双边主义使人类能够谈论他们知道的任何事情。

片段或音节是最低的单位,是由许多无意义的声音组成的片段,也就是音节。音节是最小的语言单位。音节的组合构成了成千上万的语义片段,即词的一部分,称为"语素"。

语言是一个包括两组结构或两个层次的系统。一般来说,语音本身的构成要素是不传达意义的发音,发音的唯一功能是相互结合形成有意义的单位。发音可以被称为"底部单位",而不是单词和其他上部单位,因为底部单位没有意义,而上部单位有独立明确的意义。

4. 创造性

创造性是指语言的二重性和递归性,这使得语言有无限的变化潜力。语言比交通灯复杂得多,人们可以用语言创造新的含义,词语可以通过新的使用方法来表达新的含义,并且可以被那些没有见过这种用法的人立即理解。

5. 文化传承性

所谓语言的文化传承意味着语言是通过文化传播的。虽然语言习得是人类固有的能力,也就是说,人类的语言能力有遗传基础,但是掌握任何语言系统的细节都必须通过学习和教学来实现,而不是通过遗传或本能代代相传。

四、语言的文化属性

语言是文化中最重要的因素,也是让文化代代相传的最基本的工具。有学者认为语言通常代表一种文化,或者语言是一个国家或地区社会文化的缩影,是人们思想的"直接体现"。例如,英语有丰富的词汇来描述工商业活动,表明了英国和美国的工商业活动非常发达;而在许多工业化程度较低的国家,工商业词汇就非常贫乏。

(一)语言促进文化的发展

文化是语言发展的动力,也可以说,语言的丰富和发展是整个文化发展的先决条件。如果没有语言记录我们祖先的知识和经历,后代将从头开始,社会将停滞不前，更不用说文化发展了。

（二）语言反映文化

语言是文化的镜子，它直接反映了文化的现实和内涵。文化的外观可以反映在语言之中。英国语言学家莱昂斯曾经说过："特定社会中的语言是这种社会文化不可分割的一部分，每种语言的差异将反映语言使用社会中事物、习俗和活动的重要文化特征。"词汇是形式和意义的统一，其意义主要分为两类：指示意义和引申意义。前者指词语的字面意思，后者是指词语的隐含意义，即词语的文化内涵。前者相对固定，而后者包括引申意义或联想意义。语言词汇反映并受制于不同国家或民族的政治、地理、价值观、习俗、文化心理和宗教信仰。

（三）语言反映生存环境

特定的地理环境创造了特定的文化，特定的文化反映在语言中，形成了特定的表达方式。例如，因纽特人有许多描述雪的词，他们使用不同的术语来表示"落在地上的雪越积越多"和"雪越积越多"，因为他们生活在寒冷地区，不同形式的雪在他们的生活中扮演着非常重要的角色。然而，英语中只有一个词表示雪（snow），阿拉伯国家的语言中没有雪，因为他们生活的地方没有雪，人们不熟悉雪。再如，英语习语"sudden as April shower"的意思是"骤如四月阵雨，突如其来"。对中国人来说，这听起来肯定是7月和8月的夏雨，而不是4月的春雨。这两种对四月雨的不同看法是由于两国地理位置的不同。中国和英国分别位于东半球和西半球。中国大部分地区位于内陆，主要是温带大陆性气候，而英国是一个被海洋包围的岛国，主要是温带海洋性气候。这就形成了中国7月份有阵雨，而英国4月份有阵雨。

（四）语言反映民族心理

语言是民族文化的载体，反映了民族心理，如伦理、价值观等。例如，中文"嫂子"翻译成英文是"sister-in-law"，但是这两个词的词义不完全对等。"嫂子"指哥哥的妻子，"sister-in-law"表示兄或弟的妻子。从形态特征来看，"嫂子"一词源于"叟"，指的是老年人。可以看出，"嫂子"这个词反映了中国家庭伦理中对长辈和晚辈的严格区分，反映了"长兄为父，长嫂为母"的等级制度。英语中的"sister-in-law"意思是"从法律角度来讲是姐妹"，体现了英语文化从法律角度看待婚姻亲属关系的民族心理。

语言是文化的一个组成部分，语言记录文化、继承文化、反映文化。这两者密切相关，相辅相成。语言不仅是人类社会交流的重要工具，也是文化的重要和突出部分。不同民族的语言不仅受其自身社会文化的制约，还反映了其特定的文化内容。如果某个民族的人不了解某个民族的文化因素，那么有效和顺畅的交流将是不可能的。反之，文化影响语言的结构和含义，文化的动态特征导致语法和词汇意义的变化。随着社会的发展和时代的变化，白话文运动、汉语拼音方案、简化字和标准普通话给汉语带来了巨大的变化。新事物的出现、新的思维趋势和外来文化的影响也改变了许多单词的含义。例如，在中国古代封建社会，"小姐"这个词用来指代主人家庭的女儿，新中国成立前常用作对未婚女性的称呼。新中国成立后至改革开放前，它变成了一个休眠词，而在21世纪的中国社会，在很多情况下这个词变成了中国女性不喜欢的称呼。这个词语逐步转变为带有贬义色彩的词语，这中间起根本作用的就是社会文化因素。

五、商务文化概述

（一）市场与市场经济

人们对商务文化的研究是建立在大文化、大市场观基础之上的。因此，有必要先讨论市场与市场经济的问题。

市场即商品交换的场所，商品是用以交换的劳动产品。随着市场经济的发展，商品分为有形商品（如生活资料及生产资料）和无形商品（如劳务等），因而作为商品交换的场所——"市场"也扩大了，比如网络交易。

我国的市场经济是相对于计划经济而言的。市场经济是一种开放的经济，是面向市场需要、充分利用市场资源的经济。我国的市场经济是从承认人们的物质利益追求的合法性开始的，这使一些人将市场经济等同于"下海"和"挣钱"，而"挣钱"是自古至今都存在的现象，如果说市场经济就是挣钱，那么古代就有市场经济了。

那么，是不是说有交易就是市场经济呢？文学作品《卖炭翁》里的卖炭翁在集市上"半匹红绡一丈绫，系向牛头充炭直"，这里有交易行为，但显然不是市场经济，因为它没有公平可言。可见，单纯的挣钱和一般性的交易经济都还不能称为市场经济。市场经济有两个重要的特点：第一，它是公平的交易，显然，这在目前是不成熟的。第二，就是有持续不断扩大事业的动力，这似乎不是问题，市场经济中谁不想源源不断地挣钱？但事实上，很多人下海，最初的目的就是生计的需要，一旦生计不成问题了，也就没有什么动力。显然"挣钱"不能作为持续不断的扩大事业的动力；而交易的公平性在我国也还有待建立和完善。因此，我国实行的是社会主义市场经济。

（二）商业与商务

1. 商业

商业是社会生产力发展到一定阶段的产物，是伴随着商品交换和发展而产生发展起来的，在中国，商品经营的范围有一个由窄到宽的发展过程。因此，商业的含义起初就是指单纯的买卖行为，是以营利为目的的、直接或间接从生产者手里购买商品，然后又转手贩卖的行为，并且商业的经营对象仅限于生产资料、生活资料等有型的物质产品，而像仓储、运输、信息、服务、金融、国际贸易等都不在其中。其实，商业就是以买卖为手段进行商品流通的经济行业，而商品既包括有形商品，又包括信息、服务等无形商品。

2. 商务

商务又称商事，即商业经济活动中的一切事务。商务是指经济法律认可的，以社会分工为基础的，一切与买卖商品服务相关的商业事务。它是以交易为目的的所有活动的总称。商务活动是以营利为目的的，为他人提供商品或劳务的社会活动，是企业为实现生产经营目的而从事的各类有关资源、知识、信息交易等活动的总称。例如，商品营销、商业交际、酒店服务、旅游服务、金融服务、信托服务、商业宣传、商业谈判、商业广告、商业竞争等。

按国际习惯的划分，商务行为可分为以下三方面。

（1）直接媒介交易活动

直接从事收购与销售活动，如批发零售商业，称为买卖商。为买卖商品直接服务的商业活动，如代理、经纪、运输、仓储、加工、整理等，称为辅助商。

（2）间接为商业服务的活动

如金融、保险、租赁等，称为第三商。

（3）具有劳务性质的活动

如宾馆、旅行社、美容等劳务，很明显，"商务"的外延比"商业"宽很多。但在英语中，business一词指的是商业和商务。目前，在我国实际生活中人们往往也有意无意地将商业和商务混用。

（三）商务文化的内涵

在我国，关于商业文化的概念是在20世纪80年代末提出的，当时商品经济还不发达、市场机制尚未确立，多数人对商业的认识还停留在：商业嘛，不就是做买卖吗？因而认为有关商业文化的理论和实践之间没有多大关系。因此，只有沿海和比较发达的少数优秀商业企业和出色的商业工作者践行商业文化，少数地区比较大型的商业企业和高层管理者提倡商业文化。不过理论界却迅速感到它的价值，并很快掀起了研究商业文化的热潮。

迄今为止，相关学者不仅在商品文化、营销文化、广告文化、商务旅游文化、广告文化、文化产业等方面进行了大量的、卓有成效的研究，随着市场经济向纵深发展，还在对传统商务文化的研究、保护和传承的实践中取得了可喜成果。因而对"历史性传统街区"的保护演化为主要是对传统商业街区的传统环境、建筑以及传统的商业文化的保护。

（四）商务文化的表现形式

商务文化是文化的一种存在形式，具体说来，商务文化是在商务活动中的观念、方式和结果。

1. 商务观念文化

商务观念文化即商务伦理道德、价值取向等思想意识形态方面的文化现象，它包括经营思想作风、营销哲学、审美意识、职业道德等，是商务文化的核心。

2. 营销文化

营销文化是商业营销活动中所创造、反映出来的文化因素，是物质文明、社会结构、美学艺术、宗教信仰和语言交往等社会文化在商业营销观念、策略、方式和促销措施等各方面的反映。

一种商品要推向市场，对于价格定位、消费对象、广告宣传、推出方式，以及售后服务等，都要有周密的计划，这期间，不仅需要市场意识，还需要有文化意识，把营销活动当作文化活动来看待，才能取得成功。

营销文化表面上看是店面设计、广告宣传、促销艺术的商务活动，实际体现的是经营理念、竞争意识、审美意识、服务意识等更深层次的内容。

3. 商品文化

商品文化是指以商品作为文化载体，通过市场交换活动作用于消费者且反映消费者物质及精神追求的各种文化要素的总和。

商品作为劳动产品，具有使用价值，商品本身就是文化的载体，是文化的物质形式。商品作为文化的载体，承载着商品生产者、经营者、消费者的文化观，是时代科学技术文化的载体，是人们审美观念的载体，是民族精神的载体，是民族风俗习惯、宗教信仰的载体。

（五）商务文化的内容

商务文化是各类商业运作过程折射出来的文化现象，从商务活动的整个运作过程与商务文化的内在规律来研究，商务文化的内容可以包括两大部分。

第一部分为商务文化基础，即商务文化通论。包括商务道德伦理文化、商务环境文化、商俗文化和商务企业文化，是对贯穿于商务活动整个运作过程文化现象的分析研究。这部分内容是比较稳定的（任何时候，商务活动都是人在一定的区域、一定的环境里，通过一定的人和程序进行并且完成的），理论性较强，是对商务文化客观的、内在的、本质的研究。

第二部分是商务文化实务，主要有商品文化、营销文化、商务信息文化、商务礼仪文化、商务旅游文化、商务会展文化、商务娱乐文化、商务体育文化等，是对具体商务业务部门在进行商务活动过程中形成的文化现象的研究。其内容是不可穷尽的，在不同的历史时期、不同的国家，其内容不同。这部分内容具有较强的可操作性，是商务文化理论的具体运用。

商务文化的内容主要包括以下几点。

1. 商品文化

商品属于文化的载体，从始至终，不论国内国外都是如此。

2. 新商人文化

实际上就是将新一代的商人培育成遵纪守法、有道德、有文化的商人，其中包括了企业家以及从商人员。

3. 商业环境文化

一个企业要有良好的内部和外部环境。

4. 商业精神

商业精神是商业的灵魂，是企业的价值观念。商业精神把企业发展的目标与全体员工的需求结合在一起，成为员工们共同追求的目标和共同的道德规范与行为准则。这一说法，大致是以商务活动的过程为基础归纳出来的。

此外，商务文化在城市化过程中不可或缺，能够增加商品的附加值，有利于网络经济的健康发展，有利于提高商人（劳动者）的素质等。

第二节 文化差异对商务英语翻译的影响

一、文化与翻译

文化体现了一个国家在一定时期内的思想内容、行为、习俗和习惯。它是人类发展过程中不可磨灭的印记,也是人类整个生活方式和生活过程的沉淀。纵观历史,文化更像是一种特殊的象征,反映了整个群体的各个方面。博大精深的文化不仅意味着政治和经济的繁荣,也对政治和经济产生了深远的影响。上下五千年,悠悠中国历史,走在这样一条壮丽的历史走廊上,人们可以欣赏到各种学派之间的激烈争论。孔子创立的儒家学派作为中国固有价值体系的体现,已经逐渐发展成为中国传统文化的主体,并对中国、东南亚乃至世界文化产生了深远的影响。纵观西方哲学史,最早提出的常规哲学范畴是理性,它对各国文化的影响可以说是根深蒂固的。作为古代欧洲和中世纪常见的哲学概念,它通常指的是世界上可理解的规律。法国著名哲学家雅克·德里达曾提出流行的"逻各斯中心主义",并强调它对西方文化的重要性。

翻译活动越来越被视为跨文化活动。一些使用一种语言的人可能与一些使用另一种语言的人属于同一话语系统或社区,因此这些人之间的交流是同一话语中的交流,并且很容易相互理解。他们之间交流的障碍主要来自他们各自语言的差异。对于那些不属于同一语言社区或同一话语社区的人来说,他们的交流更加复杂,他们在理解上会遇到很多困难。同一话语共同体内部的交流和不同话语共同体之间的交流不可避免地会对他们产生深远的影响,因此表现出不同的特点。

二、针对文化差异的翻译

在当今时代,"文化"已经渗透到社会的各个角落,反映在人们日常生活的各个方面,承载着丰富多彩的内涵和信息。同样,文化对语言和翻译也有重要影响。语言本身是一种社会文化现象,是社会文化发展的产物。同时,语言也是文化的载体。语言和文化之间的密切关系也决定了翻译和文化之间的密切关系。翻译是两种语言之间的转换过程,不可避免地涉及两种不同的文化。事实上,翻译是一种跨文化的活动。翻译不仅要实现语言对等,还要实现文化对等。

语言的文化内涵是指字面含义背后包含的各种含义,包括褒贬含义、词语的联想和用法，这些通常与语言使用的民族文化密切相关。中国文化是历史悠久的文化之一。这是一种人文文化，强调人的意志、直觉和人与自然的统一与协调。原始象形文字使中国人很容易以图像的形式思考，而语言的具象化方法已经成为中国人的一个特征。

不同语言之间的文化差异客观上增加了翻译和交流的难度，但是在现代社会中翻译和交流更加频繁，有更高的要求。因此，翻译者的任务不仅是理解这些差异，更重要的是分析这些差异对翻译和交流可能产生的影响，研究这种影响带来的问题，并寻求克服困难和解决问题的方法和途径，从而提高翻译质量。

不同语言文化差异造成的困难和问题大致可分为两种类型：一种是"翻译失败"，即读者不知道翻译的含义或误解原文的含义；另一种是"翻译冲突"，即造成双方的误解，特别是与政治思想和外交术语有关的误解，具有更严重的后果。就不同语言内涵的差异所造成的困难和问题而言，这种划分可能有些粗糙。也就是说，它有负面影响，误解达到了更严重的程度，导致双方之间的冲突和不和，这往往会导致最终的沟通中断。例如，在外交交流中，如果我们不理解不同语言之间的内涵差异，话题选择违反了一方的文化禁忌，很容易发生冲突，交流也很困难。

因此，译者不仅要有扎实的语言知识，还要有较高的文化素质，这对翻译实践具有重要意义。在文化全球化的背景下，从文化的角度研究语言和翻译尤为重要。在跨文化交际中，文化相互影响和渗透，对此我们可以理解为以下三个方面。

第一，语言是物质世界的一部分，语言是人类进化和劳动实践的结果，从语言的内部结构系统和人们产生语言的心理过程来看，语言的理解和使用是在人的生理（包括神经）机制和物质时空下发生的，语言的形式和内容具有物质属性，语言符号系统本身的规则和人类认知规律也制约着词语文化意义的产生，因此我们认为词语文化意义是主客观互动的产物。

第二，语言是关于物质世界的理论。语言不仅可以建立我们的概念基础，互动的基础也建立了，语言被构建为客观世界和主观世界之间的认知中介平台。语言成为人们和客观世界互动的媒介和渠道。人类的一般认知能力是在与环境的互动中通过同化和适应而形成的。语言意义的产生和解释离不开人们的身体特征、生理机制和神经系统。

第三，语言是物质世界的隐喻，是人类思维外化的结果，当了解外部世界的人理解和描述它时，一方面，他们应该受到外部世界本身存在的限制，另一方面，他们应该受到他们所属民族文化的影响。语言不可避免地会在人们的理解过程中"自动"将人类实践外化，并且不可避免地会成为人们在现实的"真理"基础上实现思维创造和价值追求的工具。

语言是文化系统中更有影响力的基本子系统,也是文化系统中其他元素赖以生存的基础。语言是反映民族文化的镜子,一个国家语言的正式组织规则和语义特征也反映了一个国家的文化精神。语言符号系统的编码模式包含一个民族的文化精神和认知模式,语言的人类属性是一个民族的认知属性。语言是人与社会、人与自然之间的纽带,也决定着人们的文化心理。

在研究语言符号系统的功能时,人们提倡多层次的语言符号系统观,并从语言符号的内部和外部结构来研究词语的文化语义,因为语言是人类文化编码符号和思维外化的结果。没有语言,人类无法将外部客观现实内化为心理现实并将其视为思维对象;没有语言媒介,人类大脑中的思维过程和意识形态内容就无法清晰地被人类表达和感知。因此,语言是表达和理解思想的过程,人们的表达和理解行为本身就是语言。

关于人类语言共性的研究,有学者提出了一种语言和文化的互动认识论。他们认为,语言深深植根于文化之中,隐藏在语言的内部深处是一个民族的精神特征,语言的特征是民族文化和精神特征对语言不断影响的自然结果。人们可以从语言的形态结构和组织机制中推断出一个民族的文化特征,换句话说,由民族本身的文化和精神特征决定的语言结构包含了民族精神的特征。语言是文化思维的载体,哲学思想(尤其是一个民族的哲学经典精神)是一个民族文化精神的核心。中西不同的哲学思想塑造了不同民族的文化精神,这些文化精神塑造了不同民族的语言特征和动机机制,因此一个民族的语言特征是一个民族文化精神的反映,语言、思维和哲学相互影响。它们是外语学习的三个有机环节,是不可或缺的。

总之,语言和文化是密不可分的。可以说,语言与文化是共生的,任何语言都离不开社会习俗、文化背景和历史演变。语言背后有着深刻的文化和文化差异。文化差异包含在语言的表达主体、表达方式和各种特定语境中。没有文化因素,就不可能全面准确地掌握一个国家的语言。因此,可以肯定地说,英语和汉语的文化理解越透彻,翻译水平和翻译文本的质量就越高。

三、语言与文化的结构差异关系

在语义信息中包括两种结构信息,分别是表层结构信息和深层结构信息。结构信息主要是要说明表达意思和传达信息的两种不同方式。

①表层结构信息指的是语篇或者话语中的表面含义。

②深层结构信息指的是表层结构中蕴含的更加深层的含义。这种含义并不能只看表面,需要联系上下文才能够揣测出来。要想了解深层结构信息,译

者需要对其历史文化进行了解，并用自身的专业知识去感受、体会和挖掘原文所蕴含的深层结构信息。

中国的许多学者似乎都同意语言结构的所有层面都与文化有关。尽管语言结构的所有层面都与文化相关，但文化对语言的影响并不均衡。反映在词汇（甚至单词）中是最明显、最突出和最集中的，而在语言和语法中则相对较轻。反映在语言的使用上更加清晰和典型，而反映在语言系统本身上则更加含蓄和隐藏。语言的产生、发展和变化当然与文化密切相关，但是除了文化因素，还有许多其他因素在起作用。因此，不应过分夸大文化的作用，更别说采取"唯文化论"的立场了。

事实上，跨文化交流中最困难的文化障碍存在于隐藏的文化层，揭示这种隐藏的文化层最有效方法是加强对语言和文化的研究，因为即使是最隐藏的文化概念也会在语言中得到反映，也就是说，在语言中留下痕迹。通过对语言的研究，可以发现隐藏在民族文化深层结构中影响跨文化交流的消极因素，从而为跨文化障碍扫清道路。可以看出，语言和文化研究对跨文化交流做出了巨大贡献。语言和文化尽管范围广、数量大，但与日常生活密切相关。在研究中，人们可以很容易地从一个小地方找到突破，然后一层一层地挖掘，找到最隐藏的文化层，从而从根本上解决影响跨文化交流的障碍问题。换句话说，与其他学科相比，语言和文化研究具有耗时短且见效快的特点。无数事实表明，语言和文化研究是揭示隐藏文化层内部结构的捷径。

四、翻译过程中的文化融合与碰撞

中西文化有不同的背景知识、民族感情和语言，所以有些东西在另一种语言中找不到相应的词语。在这种情况下，翻译往往会出错或失去原有的味道。

（一）文化的相通与重叠

1. 接触

两种文化在传播的过程中进行接触，这是文化之间互相融合的前提。

2. 撞击和筛选

每种文化都有顽强地表达自己和拒绝其他文化的特点，两种文化接触后不可避免地会发生冲突。在影响的过程中，社会总是选择最好的、消除最差的。

3. 整合

从最初的两个文化体系中选择的文化元素被整合到一个新的文化体系

中。例如，现代美国文化是多元文化融合的结果。

（二）文化的差异与碰撞

尽管中西文化有相似之处和重叠之处，然而，由于历史传统、生活习惯、宗教信仰、思维方式和地理环境的不同，中西文化的差异也表现在语言上。在中西文化中，相同的词有不同的含义。例如，中国的"龙"被视为权力、地位和尊严的象征，然而，在英语中，龙被认为是一种带有毒火、翅膀的凶残的怪物。

五、俚语中的文化差异

在人类交往中，俚语是一个十分难以理解的成分。有时，商务翻译中也会碰到一些俚语。

在英国，有些人用含有两个或两个以上和正式语押韵的词、词组来代替正式语，构成押韵俚语。其实，英语中有许多可以接受的非正式用法是由押韵俚语升级而来的，有时甚至说标准英语的人都不知道它们的来源，这样，翻译起来会更加困难。例如，英国人常说"We must get down to brass tacks"（我们必须讨论实际问题），其中，"brass tacks"（黄铜平头钉）是"facts"（事实）的押韵俚语，"tacks"和"facts"押韵。再如，英语中有一个短语"take a butcher's"，它是"take a butcher's hook"（屠夫的钩子）的省略形式，即"take a look"（看一眼）的押韵俚语。一旦了解了这些，押韵俚语也就变得趣味盎然，这对于熟悉英国社会文化、风俗习惯以及进行准确翻译都会有很大的帮助。

第三节　商务英语翻译中文化因素的处理

一、原文的语义信息与译文的语义信息对等

语义信息是信息的基础，如果没有语义信息，也就不存在风格信息和文化信息，因为风格信息和文化信息必须要在语义信息的基础上才能够表现出来。语义信息同时也是信息的载体，如果语言并没有传递信息，那么风格信息与文化信息也就无从谈起。所以也可以说风格信息与文化信息只有通过语义信息才能够表现出来。

二、原文的风格信息与译文的风格信息对等

  风格信息是作为信息的传递载体的语言所传递的信息之一。对于翻译风格而言，所关注的重点是原文的风格意义。风格信息在翻译中是非常重要的，如果在翻译的过程中忽视了原文中的风格信息，则会造成译文信息的流失以及译文不得体等现象。在商务英语中涉及了很多不同文体的语言形式，如法律公文、广告（有时具有文学语言特点）。所以，我们在对此进行翻译时，一定要注意对不同风格信息的传递。

三、原文的文化信息与译文的文化信息对等

  要做到文化上的对等，就必须对两种语言的文化进行对比，这种对比体现于在译入语中寻找"对等语"的过程中。例如，在 restroom 这个单词中，rest 的意思是"休息"，room 的意思是"房间"，所以 restroom 是不是就可以翻译成"休息室"呢？然而事实并非如此，restroom 在口语中是厕所的意思。英语国家的人不想把厕所说的那么明显，所以就用 restroom 来替代，等同于我国将厕所称为洗手间。

  一个精通两种语言的人在进行跨文化交际时，必须注意两种文化的异同。否则，他将常常遇到意想不到的障碍，使自己处于一种尴尬的境地。例如，西方国家家庭成员之间的关系与中国家庭成员之间的关系由于文化、习俗、传统不同，在交际过程中也有所不同。在英语国家，儿子帮了父亲一个忙，父亲随口道一声"Thank you"，是非常正常的事。可在中国情况却不是如此，如果在日常生活中，妻子帮了丈夫一个忙，而丈夫对妻子说声"谢谢"，妻子反而会感到不高兴，认为丈夫把自己当成了外人。翻译是跨文化交际中沟通思想的手段。尽管各民族文化互相渗透、影响，但一个民族由来已久的文化是永远不可能被另外一种文化取代的。所以，进行翻译工作时，永远不能忽视文化因素。

第六章　当代商务英语信函的翻译

国际商务所说的是国与国之间的商务活动，也可以理解成跨国商务。大多数情况下，国际商务要运用信函的方式进行频繁的往来与联系。商务信函是企业与企业之间将各自的声誉、商品、服务等，向外推广、宣传的一种有效手段，是用来联系商务事宜，进行各国商业信息的交流，以及促进贸易关系的基本途径。随着现代社会国际化趋势发展速度不断加快，国际商务活动交往越来越频繁，如何确保商务贸易的顺利进行，如何将商务信函的翻译做到精准无误，就显得非常重要。本章就针对这个问题对当代商务英语信函的翻译进行了分析探究。

第一节　当代商务英语信函的语言特点

一、商务英语信函的要求

（一）表达简洁，突出中心

目前人们居于快节奏时代，效率对人们来说是相当重要的，所以内容的简洁，中心思想的突出是商务英语信函的要求。部分商务工作者的英语水平较高，为了凸显自己实力就开始口若悬河、滔滔不绝，有时还会使用一些生僻词汇，不仅给自己的工作制造了不必要的压力，还会给对方带来一些困惑。因此，在商务英语信函中，应将大量语言组织好并将其中心内容精简提炼出来，注意句子的长短搭配，且用大家熟悉的一些词汇来进行表述。

（二）内容完整，信息准确

为了使双方的工作更有效率，通常要注意信函内容的准确性和完整性，要用正确的语言，准确、完整地把信息传递给对方。

1. 信息准确的必要性

在合作过程中，一个小小的错误就有可能影响双方的贸易关系，会直接导致双方经济受损，导致时间和资源的不必要浪费。因此，在交流的信息具有合约性质时，如遇到数字，应反复核实审查；遇到长句时，应多注意句子的逻辑关系是否正确。

2. 内容完整的必要性

通常人们应把想告知对方的信息尽可能一次性表述完整，避免想到什么说什么，如此一来，可以提高公司的形象及信誉度。

（三）态度诚恳，友好居首

在信函交流过程中，要对对方保持友好诚恳的态度，以促进双方顺利合作。即便是催款或索要赔偿，也要注意这一点。

二、商务英语信函的词汇特点

（一）人称代词的使用

一般情况下，商务英语信函中是不会使用到人称代词 I 的，往往使用 you 和 we 作人称代词。

译例：If you can lower your offer by 5%, we are confident that you will get a large number of orders for you.

译文：我方有信心为贵方获取大批订单，当然是在贵方将报价降低 5% 的情况下。

译例：We are happy to provide you with the following orders...

译文：我方很乐意为贵方提供如下订单……

在信函的沟通过程中，都会存在"你方态度"这种情况。但当出现了涉及对方的失误，以及对对方产生抱怨之意的回复时，就应避免使用"你方态度"这种语言形式以减少对方对我方的不满，这样就不至于引起双方的不愉快。

（二）日期、数字的使用

1. 日期、数字的重要性

由于商务活动是关系到双方利益的，因此买卖双方在交际时应该力图做到严谨、准确。这种情况下对数字是比较敏感的，这就要求写信人在词汇的表达上多使用细节数据，尤其是日期、数字等，以便在今后发生问题时能够及时找出数据进行对证。当然，在信函交流中应注意尽量避免摩擦与不愉快的发生。

译例：The contract we signed is valid until the morning of February 18, 2019

New York time.

译文：这份签署的合同的有效期至纽约时间 2019 年 2 月 18 日上午。

译例：Our insurance price is 80%. If there are other additional prices, the buyer should bear the price.

译文：我方投保价格在 80%，若有其他附加价格，应有买方承担。

2. 日期、数字规则

商务英语中的数字规则与汉语的规则是有一定不同的。

（1）日期中的年月日

一般情况下，日期中的年和日要用阿拉伯数字来表示，月用单词来表示。当日和年放在一起时，中间要用逗号隔开；当月和年放在一起时，中间是不需要逗号的。

译例：He joined the company on August 1, 2019.

译文：他是从 2019 年 8 月 1 日开始在该公司工作的。

译例：On 25 February 2019, we opened an office in Shanghai.

译文：2019 年 2 月 25 日，我们在上海成立了一个办事处。

（2）句首数字写成单词

一般情况下，句首的数字应写成单词的形式，不应写成阿拉伯数字。

译例：Ten of the packages were lost.

译文：10 箱货物丢失。

在句首使用的单词表示数字太长的时候，会显得很不舒服，这时将数字换到句子后面，用阿拉伯数字表达就会好很多。

译例：The number of people in this area is 35 801.

译文：这个地区的人口数为 35 801。

（3）a.m. 和 p.m. 前的数字

a.m. 和 p.m. 前面表示时间的数字不能用单词表示，只能用阿拉伯数字，并且表示正点的数字不能加"：00"。

译例：The office opens at 8 a.m. and closes at 5：30 p.m.

译文：公司办公时间为上午 8：00 到下午 5：30。

（4）金额写法

在有一定法律效力的商务文书中，如果运用阿拉伯数字做金额进行使用，通常会在后边用括号的形式给予相应单词进行说明。这相当于汉语中的大写金额。

译例：The cost of the project will be $ 32 000（Thirty Two Thousand Dollars）.

译文：这个项目将耗费资金 32 000 美元（叁万贰仟美元整）。

（三）频繁使用专业术语

一般来讲，商务英语信函所涉及的业务范围较为广泛，通常会涉及国际交流的各个方面，这就需要用到专业术语来进行沟通。因此，使用大量的专业术语来表达一定的商务概念是必要的。如表 6-1 所示。

表 6-1 专业术语

英文	汉译
counter-offer	还盘
coverage	保险项目
premium	保险费
underwriter	保险人
surcharges	附加费
insurance policy	保险单

（四）频繁使用规范语

商务英语信函是一种文体，但在形式上来说是比较正式的，所以在写作过程中，对其用语的规范需要谨慎注意。商务英语信函规范主要体现在以下几个方面。

1. 多使用书面语

商务英语信函的特殊性，决定其内容相对来说比较正式，因此就需要大量使用正式词汇和中性词汇。商务英语信函中经常存在以下两种语言现象。

①将口语词汇转换成意思相近或是相同的书面语来进行使用。

otherwise 代替 or

advise/inform 代替 tell

②用介词短语代替简单的介词。

in respect of/with regard to/ as for 代替 about

2. 多使用专业术语或专业缩略词

商务英语信函会涉及外贸活动中的各种单据、协议、合同等，因此，为了使信函内容简单明了，信函中应大量使用专业性较强的术语或术语缩略词，使收信人能第一时间反应出信函的内容意义。如表 6-2、6-3 所示。

表 6-2 专业性较强的术语

英文	汉译
at sight	即期
insurance policy	保险单
force majeure	不可抗力
surcharge	附加费
trimming charges	平仓费
proforma invoice	形式发票
franchise	（保险）免赔额
establishment	开证

表 6-3 专业性较强的术语的缩略词

英文	汉译
DD	票汇
OPEX	运营成本
CAPEX	资本性支出
POD	运港
INCV	发票
B/L	提单

3. 多使用古体词

商务英语信函中古体词的大量使用，充分体现信函庄重严肃的文本风格，商务英语信函中常使用的古体词多为复合副词，比如 here、there、where 加上 in、on、to、after 等介词构成的古体词等。

（五）频繁使用套语

商务英语信函内容模式大体相同，因此逐渐形成了固定的表达方式，同时也形成了一些固定套语。在商务英语信函中，正文的开始处一般会写表示收到来函或是回复来信的一些礼貌用语；在正文里会使用一些表示礼貌委婉的套语，或是表示随函附上某物以及表示通知对方和表示希望对方回复的固定套语。

（六）频繁使用"个人参与"模式

商务英语信函中出现的我方或贵方，就是"个人参与"。商务信函中的个人参与模式占据了很重要的位置。它可以使对方在无形中产生亲切感，间接使双方合作关系急剧升温，从而拉近彼此间的距离。这个模式的特点表现在使用对方态度居多，而使用我方态度则少之又少。

简单说，这个模式就是多站在对方的角度去思考问题，为对方的需求和利益考虑，体谅和了解对方的困难与问题，从而使自己的要求更符合对方的实际情况，这样既避免了双方矛盾的产生，又稳定了双方的贸易合作。

（七）使用模糊措辞

商务英语信函中对于书面的表达是否清楚是非常在意的，这对沟通的双方也是极其重要的。这里所说的模糊措辞，与词义歧义或模棱两可的词还是有所区别的，它指的是融词汇的内涵的有限性、可塑性和外延的无限性、模糊性为一体。因此，在写作商务英语信函的过程中，一定要注意措辞的应用。

但并不是时刻都要用这样的模式进行信函的书写，在出于对对方礼貌，或是给对方面子等目的时，是可以适当使用模糊措辞的。模糊措辞不会使人觉得太过尖锐，大部分情况下使用起来会使对方稍舒服些，且没有明显的目的性，为双方提供今后合作的可能性，还在一定程度上缓和双方在表达时的尴尬情况。

例如：As for goods Article No.120, we are not able to make orders because another supplier is offering us the similar quality at a lower price.

上例就是用了模糊措辞的这个方法，句中没有直接指出对方价格过高的问题，而是非常婉转地利用第三方供应商进行了比对，以迂回且温和的方式进行表述，用暗示的方式进行沟通。虽然对方不清楚"another supplier"是谁，或"lower price"到底是多少，但是我方的态度已寓于模糊表达之中。

三、商务英语信函的句法特点

（一）频繁使用陈述句

商务英语信函的内容无非就是对公司业务的解释说明。叙述商务往来中各个环节的细节问题，无须表达个人感情，但在表达中应符合礼貌性，尽量避免太过直接，也就是说，在信函中多使用陈述句，不要使用感叹句，给对方以压迫感。尽量少使用祈使句，不然会给对方带来被命令的感觉。这样就可以达到既客观表达自己的愿望又容易使对方接受我方观点的双赢目的。

译例：

Dear sirs,

Recently, some of our customers are very interested in the COCO brand down jackets produced by your company, and ask about the warmth effect of down jackets. As long as the down jacket keeps warm and the price is right, there should be a very good market in the local area. But before we are ordering, we hope that your company can provide us with a down jacket for people of all ages. The trial period is 15 days. We will not reserve the down jacket for the down sell that we have not sold. We will bear the return shipping cost.

Yours faithfully

译文：

尊敬的先生，

近期，我方部分客户对贵公司生产的COCO羽绒服很感兴趣，询问羽绒服的保暖效果如何。只要羽绒服保暖效果和价格合适，在本地应该会有非常好的销路。但是在我们正式订货之前，我们希望贵公司能为我们提供符合各年龄段人群的羽绒服进行试销。试销期为15天，期满未能销售出的羽绒服我们不打算留做库存，我方将承担退货运费。

谨上

（二）减少否定句的出现

在商务英语信函中，要尽量减少，甚至是不用否定句。因为否定句是有不赞同、不可以、不能等否定寓意的，如此一来会给双方带来不礼貌或难以接近的印象，会给商业沟通带来一些矛盾。如果情况比较特殊，必须使用否定意义时，可以在句式结构上进行适当调整，使用被动结构，这样就不会给人造成咄咄逼人的不愉快的感觉。

译例：

Dear Mr. Abbott,

We are very happy to hear from you on August 22nd about the quality and design of your favorite logo. As you know, market competition is increasingly fierce and we are forced to keep prices to a minimum. If you haven't always made our big order customers, we can't quote our new brand offerings, even those you mentioned.

After consulting our "Best" brand stainless steel sheet manufacturers, we believe it is necessary to point out that due to the increasing use of stainless steel in the industry, the cost of manufacturing stainless steel is rising too fast. In order to maintain the image of high-quality stainless steel products, we have also increased the price of new technologies adopted by the new brands. We are very grateful to you for your continued support and cooperation.

Truly Yours

译文：

敬爱的艾布特先生，

我们很高兴从您 8 月 22 日的来信中了解到您喜欢 logo 的质量和设计。如您所知，市场竞争日益激烈，我们被迫将价格降至最低。如果不是您一直是我们的大订单客户，我们就无法引用我们的新品牌供应，即使是您提到的那些。

在咨询了我们的"尽力"牌不锈钢板材制造商后，我们认为有必要指出，由于不锈钢材质在工业中的应用越来越多，制造不锈钢的成本上升速度太快。为了保持优质不锈钢产品形象，我们对新品牌采用的新技术也增加了价格。我们很感激您对我公司一直以来的支持合作。

敬上

（三）频繁使用复杂句

为了使商务英语信函的逻辑变得更加清晰，使其信函中的各项方式、条件、结果能够更为完整地表达出来，商务信函中频繁使用复杂句。

（四）频繁使用虚拟语气

虚拟语气对商务信函中双方的交涉也是极为重要的。虚拟语气可以表假想虚拟的情况，这样不会使双方感到尴尬，使写信人的语气不会太过苍白僵硬。

当我们书写信件时，难免会遇到以下情况，起草人想要提出某种要求，又必须委婉进行表述时，不能太过肯定或是给对方直接霸道的感觉，这时虚拟语气就派上用场了，使用适合的虚拟语气进行相应的表述，会使语言委婉很多，这样就很容易被对方接受。

（五）频繁使用主动语态

商务英语信函中常常会使用主动句进行表述，这样既能保证传达的信息较为直接，一目了然，确保有关各方的立场和观点准确无误，还可使信件风格直接有力。需要注意的是，商务英语信函虽然使用主动句的情况比较多，但这并不意味着就不会使用被动句。在一些特殊情况下，人们还是会选择使用被动句。有时被动句的合理使用反而比主动句更加贴切、得体。信函的主要任务就是将信息有效地进行传递，且在传递的过程中，使双方都不会觉得尴尬。

四、商务英语信函语篇的结构特点

（一）使用直接式结构

当信函的内容是要传达令人满意或中性的信息时，就没有必要进行什么形式上的修饰，可以使用"直接式结构"。所谓的直接式结构就是：开头—正文—结尾，解析如下。

①将其主要信息置于信函的开头处。

②将其做出适当的解释说明。

③在结尾处表示感谢或希望。

（二）使用间接式结构

商务英语信函中的间接式结构，主要是为了避免对对方造成伤害，起到减少双方尴尬、缓和语气的作用。间接式结构常用于信函传递内容会致使对方不满意的情况。

第一步是以一种较为愉快或是中性的表达方式进行开场白，给对方带来一个比较舒适的心情。

第二步是委婉地将信息内容渐渐透漏给对方，切忌不可一次性给予对方，以免使对方感到压力。传递给对方信息后，提出相应且合理的解决方案，使双方能够达到冷静思考的状态，从而对其相关事件进行合理地解决。

第三步是合理运用礼貌用语作为信函中的结束语。礼貌性的用语有助于消除不愉快信息在对方心中产生的不良情绪，用于结束时是最容易起到这种效果的。间接式结构的商务英语信函主要由以下五部分构成：①中立陈述；②缘由；③拒绝；④补救方法；⑤客气的结束语。

五、商务英语信函的文体特点

（一）格式固定

商务英语信函的文体格式是较为固定的，它不同于商务文体。商务英语信函有一套固定的格式。简要分析来说，商务英语信函的组成包括两个部分，具体内容如下。

①基本组成部分包括：信头、写信日期、信内地址、称呼、正文、结束敬语、签名。

②附加组成部分包括：姓氏首字母、经办人、主题、附件、附言、抄送。

需要注意的是，基本组成部分在一般情况下是商务信函的必备要素，附加组成部分通常是任选部分，基本不必全都列在商务信函中。但以上两种形式在运用中要视具体情况而定。

（二）简洁明了

贸易双方都非常重视做事的效率，获得最大的经济效益是大部分商家的唯一目标，因此要求商务信函要简洁明了。商务英语信函是一个媒介，是合作双方进行商务沟通的一种途径，良好有效的沟通对双方的经济贸易发展来说是至关重要的，这里所说的良好的沟通指的是以下两点。

①需要双方心情愉悦。

②要求信函的文体风格简洁明了，使收信者对写信者的用意一目了然，这样就节省了很多不必要的时间，提高了工作效率。

（三）礼貌庄重

礼貌庄重是商务英语信函的一个重要文体特征。双方互相尊重，是达成合作的最基本的要求。商务交往指的是买卖双方进行贸易活动，或者相互之间的沟通交涉。这就涉及了双方各自的利益，为了使其利益达到最大化，双方在交际过程中都要尽可能表现友好的状态，以及表达想要合作的积极态度。没有良好的态度和最基本的互相尊重，是不可能产生合作机会的。礼貌庄重在商务英语信函中主要体现在以下两个方面。

1. 收到信函

收到对方信函时，无论我方是否接受其内容或结果，礼貌地表示感谢总是必要的。

2. 发出信函

在发出商务英语信函时，要使用客气的词句向对方提出相应的要求。

第二节 当代商务英语信函的翻译原则

一、语言准确规范

（一）事实翻译要准确

由于商务英语信函关系到合作双方的利益，因此在对信函进行翻译时要相当谨慎，要精确地传达原文的信息，对于原文中的事实必须翻译准确，不能有任何的疏忽和遗漏,尤其是对写信人重点强调的内容。一旦疏漏则会使双方产生一定的误解,从而升级到双方出现贸易合作上的裂痕,影响双方贸易关系,使双方的经济利益受到损害。

在商务英语信函中比较敏感的信息有数量、日期、金额等方面的内容,遇到这些内容时翻译者更需要做到准确,以免引起不必要的经济纠纷,造成经济损失。

(二)术语翻译要规范

商务英语信函中外贸专业术语的频繁出现是很正常的。因为专业术语更能体现出商家的专业素养,还能使收件者对其内容与其想表达的意思一目了然,进而节省时间,提高工作效率。对这些术语的翻译是需要遵循一定的规范的,不然会使对方出现不知所措的感觉,进而对双方贸易的发展产生阻碍。

(三)行文翻译要简洁通顺

商务英语信函注重的是实用性,尽可能少用一些修饰语,以免出现拖泥带水的情况,使对方不能明白其想要表达的意思。在翻译时必须保证译文简洁,在进行阅读时要保证其富有逻辑性、语句通顺、可读性强。

二、语气礼貌诚恳

为了将信函原文的礼貌性更好地表现出来,翻译时常常会在译文中使用表示尊敬和礼貌的词语,这样可以使对方有被尊重的感觉,从而使双方的关系更加友好。在译文中也可使用一些礼貌性的套语来达到促进双方贸易往来的目的。

总之,商务英语要多使用礼貌性的用语,商务英语的翻译也必须做到语气礼貌诚恳。

三、符合公函文体的特征

商务英语信函文体不同于其他文体,它的翻译不仅要做到语言准确规范,还要做到语气礼貌诚恳,并且要体现出商务信函的语言特点和专业性,尽量少用白话进行文本的翻译。翻译的过程中,可直接套用相应的表达方式,对于一些常用的、固定化的行业套语可遵循译入语的习惯进行翻译。

第三节　当代商务英语信函的翻译方法

一、信函格式的翻译

（一）收信人的翻译

收信人，毋庸置疑是收到信件者。在商务英语信函中，经常会出现 "attention 相关部门或某个职员名字" 的结构，这种结构出现时，通常表示写信人在强调他希望该部门或该职员迅速办理此事。因此我们在遇到这种结构时，可将其翻译为 "经办人：××" 或 "烦交……处理"。

（二）称呼的翻译

通常情况下，在写商务英语信函时，人们习惯于用 Dear 开头，在翻译时，可根据汉语的习惯，将其译为 "敬启者""尊敬的……"，当然也可以不进行翻译，而是直接在称呼的下一行加上 "您好" 之类的问候语。这样书写是为了表示友好和礼貌，以便增加合作双方的感情，使合作进展顺利。

（三）案头的翻译

在商务英语信函中，案头指的是具体的贸易单位为了方便档案管理和义务活动而制定的自定义的分类编号，以便于日后的参照查询。根据案头的这种形式和作用，一般将其翻译为 "文档号""引证号""编号" 等。

例如，某公司采购部门为购买某商品发出订购函，该订购函是 8 月的第 4 封信，则案头写为 PO19-08-04，其中 P 是采购部门的代表，而 O 代表的是订单，19-08-04 指的是年月日以及订购函，也就是 2019 年 8 月的第 4 封订购函。

（四）结尾敬语的翻译

一般情况下，商务英语信函的结尾敬语分为以下两类。
① Best wishes 之类的表示祝福的话。
② Your sincerely 之类的习惯表达。
根据汉语的习惯，一般将 Your sincerely 之类的表达翻译为 "谨上""敬上"，而将 Best wishes 之类的表达翻译为 "此致敬礼""祝好" 等。

二、转换词性翻译

英汉语言在表达方式和语言结构上是存在一定差异的。

①对于商务英语信函中的词汇来说，其多使用名词。

②我们运用的汉语一般使用动词居多。

以上这些差异导致在商务信函翻译过程中，并不是所有词汇都要按照原来的词类进行翻译，那样会使其真正的含义发生变化。这就需要将一些词类进行词性转换才能使译文更加符合译入语的表达习惯。在商务英语信函翻译中，主要涉及以下几种词类转换方式。

（一）译为名词的转换

为了保证译文易于理解且通顺，在对商务英语信函进行翻译时，就要将一些不是名词的词汇，包括动词、形容词、代词等翻译为汉语中的名词。

1. 动译名

译例：The demand for foreign exchange arises because a country's residents want to buy foreign goods.

译文：外汇需求的产生是因为一个国家的居民想购买外国商品。

2. 形译名

译例：The electrical appliances made in China are competitive in the world market.

译文：中国制造的电器产品在国际市场上很有竞争力。

3. 代译名

译例：After two years of study, they can express themselves in English now.

译文：经过两年的学习，他们现在已经能够用英语表达自己的思想了。

（二）译为动词的转换

在汉语中使用的动词会比较多，而英文中多使用名词，因此在英译汉的过程中，尽可能将英语中不是动词的词进行动词转换，如名词、形容词、副词等，都将其转换为汉语中的动词。

1. 名译动

译例：The board of directors will hold a consultation about the matter.

译文：董事会将商议此事。

2. 形译动

译例：Please let us know if our terms are acceptable.
译文：请告知是否接受我方条款。

3. 副译动

译例：Our machine is down.
译文：我们的机器坏了。

三、信函中句子的翻译方法

（一）正反译法

英汉翻译的目的是将其想表述的信息得以传播，为了更好地将其进行传播，就需要做到文字的通顺以及原文语言内涵的准确表达，为此，有时需要采用正反交替的翻译方法来实现。正反译法是指在翻译的过程中，突破原文形式，正说反译，反说正译，把肯定反译成否定，把否定反译成肯定。

1. 正说反译

汉语和英语的语言习惯是大不相同的，其语言的思维习惯会对翻译产生一定的影响。正说反译这一方式，主要是运用在表示否定用词的语句中，比如谓语动词或动词词汇本身表示否定。

译例：Keep off the lawn!
译文：请勿践踏草坪！
译例：I don't think he will come.
译文：我认为他不会来了。

2. 反说正译

所谓的反说正译就是将英语中的否定表达，翻译成汉语中的肯定语来进行表达。

译例：An opportunity is not likely to repeat itself.
译文：良机难再。
译例：All that glitters is not gold.
译文：是金子总会发光。

3. 双重否定的翻译

双重否定句式一般情况下是对其所说的内容进行特别的强调。在商务英语信函中,有时候为了加强或减弱语气,翻译时可以保留双重否定的结构,进而使语气不会太过直接、僵硬,显得更加委婉。

(二)拆译法

拆译法是指将原文中某个短语、单词或句子进行拆开翻译,也就是翻译为一个或两个句子。使用拆译法的原因如下:

①英汉两种语言在语法结构上存在一定的区别,英语可随时插入定语和状语,而汉语要注意主次先后,不可随意插入定语或是状语。

②英语中句子结构大多比较复杂,而汉语中的句子大多比较简短。

综上所述,在进行英汉翻译时常常需要采用拆译的方法。

第七章 当代商务英语广告的翻译

广告一词源于拉丁语"advertent",就是广而告之的意思,简单地说,就是通过一定的传播媒介,广泛地告知公众某事物的宣传活动。随着社会的发展、国际分工的进一步深化以及世界经济一体化的逐步形成,国与国之间商品的交流愈加频繁。为了引起消费者的关注,商家常常通过各种广告渠道来宣传他们的商品,以达到为其商品加分,使消费者愿意对其进行消费。

第一节 当代商务英语广告的语言特点

一、当代商务英语广告的用词特点

当商品走向国际,广告也自然要译成另一种语言,但此时,广告面向的特定观众发生了改变,由于源语言和目标语言之间巨大的文化差异,使得广告在翻译过程中尤其要注意文化差异因素。广告涉及知识面比较广泛,源语广告设计时不拘形式且有针对性,因此,广告翻译不仅要考虑语言问题,还需要兼顾广告翻译所涉及的文化等非语言因素。

怎样避免文化差异因素造成的误解,更好地把国货推向海外呢?这同样也需要翻译工作者在翻译这类广告时采取相关策略,以达到更好的产品宣传效果。广告翻译是一种跨语言、跨文化的活动,必然涉及文化差异的因素。广告翻译不仅是符号的转换,更是两种文化的交融。在广告翻译的过程中,译者需遵循一定的原则,分析消费者心理,并且考虑到文化差异因素,才能成功传递产品信息,最终达到推销产品的目的。

(一)简易实用

广告是依照篇幅收费的,所以既要在有限的时间和空间里使公司的利益达到最大化,又要朗朗上口;既要使得广大消费者理解其想表达的含义,又要具有感染力。

译例:A Kodak moment.

译文:就在柯达一刻。

本例中的广告共有三个单词,句式结构简单,使消费者既容易记忆又容易理解其内容。

译例:Where there is a way, there is a Toyota.

译文:有路就有丰田车。

(二)人称代词的运用

广告中,人称的正确使用,可以将商人与消费者之间的距离变得更近。通常用第一人称指代广告商,第二人称指代消费者,读者熟悉或能理解的人用第三人称指代,这些都是有固定使用原则的。

译例:Our wheels are always turning.

译文:我们的车轮常转不停。

译例:Your world henceforth unbounded.

译文:你的世界从此无界。

在上述广告事例中,人称代词的巧妙运用拉近了消费者与商人之间的距离,给消费者以宾至如归的感觉。

(三)不定代词表突出

大部分消费者都存在从众心理,如何将产品的普遍适用性以及独特性更好地进行展示,成为商家关注的重点。经过不断研究发现,不定代词的巧妙运用可以做到上述两点。因此,商务英语广告就要抓住了这一点,利用消费者从众心理,使用表示"全体"意思的不定代词进行广告语的设计。

例如:Some people think luxury is the opposite of poverty.

(四)频繁使用形容词

广告语言要想在消费者心目中刻画出产品的良好形象,使内容生动,就必须使用大量具有积极意义的形容词汇,给予消费者以积极向上的状态。同时还应多使用一些具有褒义色彩的评价性形容词,以便使消费者对商家所销售的产品拥有良好的印象。再者就是使用一些描绘性形容词的比较级或最高级形式,以达到使广告生动、鲜活的效果,从而激起消费者的购买欲望。

译例:Let's make things better.

译文:让我们做得更好。

上述例句中的"better"一词使用的恰到好处,成功表达了它的含义,鼓励人心,让人在产生共鸣的情况下了解其含义。

（五）巧用复合词

商家为产品做广告的目的在于吸引消费者，想在有限的空间创造出无限的视觉、听觉效果，就要适当添加一些复合词。

译例：The Self-Made woman. She's living better all the time.

译文：白手起家的女性，生活得更加美好。

以上是美国一本著名女性杂志 *Self* 的广告语，用这个名称构成的复合词，强有力地表现了这本杂志给予女性独立精神的鼓励。

（六）常用单音节动词

简单来说，只有一个音节的单词就可以说成是单音节单词。所谓的单音节动词就是只有一个音节的动词。单音节动词的特点是短小、精炼。这正是商务英语所需要的，太过于啰唆的广告语不利于消费者的记忆。单音节动词的特点与商务英语广告的通俗、朗朗上口、精练的要求是一致的，所以，在商务英语广告中经常使用单音节动词。

译例：Take Toshiba, take the world.

译文：拥有东芝，拥有世界。

上述例子并没有太多的词语，也没有太多的形容词，这就是单音节动词的魅力所在，它使商务英语广告更为简洁、富有活力，且利于消费者对其的记忆。以最简洁的形式，将商家所要表达的含义传递给了消费者，不仅起到了很好的宣传作用，同时还增添了广告语言的表现力与感染力。

（七）惯用缩略词

缩略词的使用可以使广告中的内容更为精简且目标明确，因而广告中常用以下形式的缩略词。

①首字母缩略词。

②去元音缩略词。

③去尾缩略词。

④混合缩略词。

（八）多维词汇

千篇一律的广告会给消费者带来视觉和听觉的疲劳，因此，为了不断吸引消费者的注意，并激起其购买产品的欲望，商家就需要不断去进行广告创新。在进行广告设计过程中，部分商家会使用一些文字游戏的方式来进行广告的表达。

比如，把人们熟悉的字或词加上前缀、后缀合成一个崭新的词，或故意将这些词语拼写错误，使其单词的拼写发生变化，这样有利于增强语言的感染力，使语言变得生动活泼、诙谐搞笑，从而达到引起消费者的关注，实现促销的最终目的。

二、当代商务英语广告的句法特征

（一）普遍使用简单句

广告是面向全体消费者的，这就要求广告的语言简练，用最少的排版、最精练的语言，传递出最多的信息，最有效地激发消费者的购买欲。简单句具有句式简短、节奏紧凑、便于记忆的特点，既让消费者看得懂，又能激起消费者的购买欲。因此在商务英语广告中广告商普遍使用简单句来吸引消费者的注意，避免使用复杂的复合句，从而不断地激发消费者的购买欲望。

（二）频繁采用祈使句

一般情况下，广告英语属于"鼓动性言语"，而祈使句本身就含有请求和号召人们去做某件事的意思。商家为了增强广告的宣传效果，会经常使用祈使句进行广告设计。这样可以有效地迎合消费者心理，用这种方式来激发消费者的购买动力，从而达到销售产品的目的，实现广告的价值，这是陈述句无法比拟的。

译例：Buy one pair. Get one free.

译文：买一送一。

（三）灵活运用疑问句

疑问句能激发消费者的好奇心，据统计，每30句英文广告中会出现一句疑问句。虽然这些疑问句的形式都不尽相同，但其共同点就是口语色彩浓厚，有极强的表现力和浓郁的生活气息，在商务英语广告中使用疑问句能够有效地激发消费者对该产品的好奇，通过提出问题的形式引发消费者的思考，使消费者的阅读兴趣得到最大程度的提高，从而达到深入人心的效果。因此，商家在广告中经常使用疑问句。

译例：Need a cleaner that shines without scratching？

译文：需要一种光亮而不留擦痕的清洁剂吗？

上述例句中是一则清洁剂的广告，不难看出句中使用了疑问句的形式，通过对产品的提问，令消费者在思考这一提问的过程中产生购买的欲望。

第七章　当代商务英语广告的翻译

（四）多采用并列结构

并列结构可使语言流畅、连贯，语句工整、对称。并列句主要是将两个或两个以上的信息连接起来进行表述，并且展示出来两者之间是相互关联、主次分明的。用并列结构形式的广告，会比完整的句子更具有说服力和号召力，令人印象深刻，所以很受商家的喜爱。

（五）多用省略句

广告终究是广告，不是电影，我们不能将语言类的东西用得太多，否则会导致消费者的视觉、听觉出现疲劳，在广告语言的使用上要尽量少而精，因此，在商务英语广告中会经常采用省略句的形式进行表述。

例如：Safe，East，Quick & Fun！

（家用食品加工器广告）

本例中省去了产品名称和系动词 is，这使得该广告语更加精炼、紧凑，有助于节省成本、突出重点，提高了广告的效果。

例如：Are you going grey too early？

（某染发剂广告）

（六）常使用分离句

通常所说的分离句，指的是写作者使用分号、连字符、句号等，将一个完整的句子进行分割，划分成更多的信息单位，从而在节约成本的同时，实现广告的宣传。

（七）多用一般现在时

在商务英语广告中，为了将产品的性质、功能以及信誉的长久性对消费者进行充分的展示，也为了使广告的宣传内容更具有真实性，我们在进行商务英语设计时可以频繁使用一般现在时。

（八）灵活使用引语

引语一般会更具有说服力，因此，为了更好地提升产品宣传功效，广告商经常会选用一些消费者的评语作为广告。以消费者的口吻介绍该产品的特征，无形间使消费者对其产生接纳心理，让消费者更容易信服。通常而言，使用的引语大多形式新颖、语调活泼，具有很强的说服力，从而有效地增强了广告的可信度。

（九）重复关键词

为了突出某些产品和信息，通过有意识地重复某个关键词语或句子结构，强化语义、突出主题、展现情感，使广告的主要信息得到充分强调，以增加力度。重复无疑就是将一个词或是词语进行重复、反复，使消费者加深对产品的印象，进而刺激消费者的购买欲望，以达到增强广告效果的目的。

译例：Mosquito Bye，Bye，Bye.

译文：蚊虫杀、杀、杀！

上述广告充分运用了语言的重复原则，以这种方式来引起消费者的注意和重视，从而引起共鸣，获得广告的记忆价值。

三、当代商务英语广告的修辞特征

（一）比喻的修辞手法

将比喻的修辞手法用于商务英语广告中，可以使所展示的广告更加生动、形象、感人，以此引起消费者的联想，给消费者以鲜明深刻的印象。

（二）排比的修辞手法

如果把排比修辞运用到商务广告英语中，便可以起到增强语势、增加语言力量的作用；也可将产品的具体特征以及介绍阐述得更加严密，将产品的魅力毫无保留地展现给消费者。

（三）拟人的修辞手法

商务英语广告中使用拟人修辞手法，能使消费者产生强烈的共鸣。广告文字的拟人化，可以使所宣传的产品人格化，将其特点更加清晰明了地展现出来，赋予产品以"新"生命。

译例：Unlike me, my Rolex never needs a rest.

译文：与我不同，我的劳力士手表从不需要休息。

这则广告表现出了该表走时精确，劲力十足。将商品和服务人格化，赋予它们以人的思想、情感和性格，为消费者带来一种亲切感。

译例：He was born in 1639, and he's still flying with us today.

译文：他生于1639年，直到今天仍与我们一同飞翔。

该例中的"He"指某航空公司，在句中被赋予了飞翔的能力。

（四）夸张的修辞手法

夸张是电影、广告中较为常见的修辞手法。在广告中大量运用夸张的修辞手法主要是为了充分引起广大消费者的关注,以便对产品起到良好的宣传效果。为了达到这样一个目的,就需要从语言的表达效果上着手,为此,大多数广告设计者会把客观事物或现象故意加以夸大或缩小。在广告中对产品进行适度夸张,有以下两个优点。

①可有效突出商品的质量或特征等。

②能体现出厂家或商品的自豪、自信的气概,从而给人以某种感染力和鼓动力,给消费者留下深刻的印象,刺激其购买的欲望。

需要注意的是,夸张不能等同虚假,更不是欺骗,它只是一种语言手法。

例如: You name it, we've got it.

这是美国某超市的广告语,运用夸张手法,其气魄之大,可见一斑。

(五)对偶的修辞手法

所谓的对偶的修辞手法通常指的是文句的整齐、句法的相似、字数的相同、意义的相近。广告里的对偶修辞指的是借助和谐的音调和整齐的句式,把事物之间的对称、对立乃至相关的意思鲜明地表现出来。

例如: A contemporary classic. A timeless timepiece.

这则商务广告结构对称,且语义令人回味无穷。

例如: Double delicious, double your pleasure.

这则广告中的两个"double"是一起进行使用的,但它们在句中所表示的意思却并不相同,一个代表副词,一个代表动词;在句子中所起到的作用也是各有千秋、耐人寻味。因此,在翻译的过程中要具有灵活性,不要将思想固化。

(六)反语的修辞手法

广告英语中运用反语修辞,可以加深读者的印象。

例如: A lot of tires cost less than a Michelin. That's because they should.

上述是著名的米其林轮胎广告。这则广告就是反语的形式,开头对轮胎的价格进行了抱怨,抱怨其价格太高,但是后一句话锋一转,才发现原来是通过反语说明米其林轮胎价钱确实有点高,但是物有所值。

(七)双关的修辞手法

双关修辞可以使语言风趣简洁,通过利用词的多义和同音的条件,使句子具备双重的意义,增添广告的趣味性和幽默感,加深语义且引起读者的联想,使消费者轻松愉悦地接受广告中所传递的产品信息。

译例: Ask for More.

译文：渴求更多。（摩尔牌香烟）

（八）押韵的修辞手法

广告中运用押韵的修辞手法，不仅便于朗诵、容易记忆，还可以使作品具有声调协和的美感，达到使人耳目一新、经久不忘的广告效果。优秀的商品广告不光只是字面的精简、内容表达的精确，还需要押韵，使消费者读起来朗朗上口。

将押韵的修辞手法运用到商务英语广告之中，可以使广告的形式与内涵、视觉与听觉的美感统一起来，不仅使广告变得生动有趣，还使其读起来朗朗上口，增加了消费者观赏的兴趣，从而大大提高了商品的知名度以及销售量。

例如：Big thrills, small bills.

这是一则出租车广告。该广告中的"thrills"和"bills"构成了尾韵，给读者留下了深刻印象，这就使大部分消费者对其产生浓厚的兴趣。

第二节 当代商务英语广告的翻译原则

一、目的性原则

目的也就是动机，有了动机才会去做事，那么目的也是有其自身的原则的。由于消费者的地域不同，文化差异造成的语用差异是不可避免的，而影响广告传播效果的重要因素又包含语言文化差异。要想使译文对销售起到积极作用，就需要用到好的广告译文，根据目的论中的目的原则，译者应注重译文功能，在进行广告翻译时要符合当地人们的行为习惯、习俗等，要对其进行灵活翻译。

二、美感性原则

（一）内容美

内容美主要指的是广告内容的精彩程度。至于广告内容，要巧妙运用各种适宜的修辞手段，来增强译文的韵律感，努力使广告读起来或听起来朗朗上口。

（二）情感美

所谓的情感美，指的是译文要尽量使读者产生美好的联想。只有产生美好的感觉，才会使消费者发自内心地喜欢这则广告，并产生一定的共鸣，对其进行购买。

三、创新性原则

世上没有两片完全相同的叶子，每个人的思维方式以及审美角度都是不一样的。由于地域的不同，生活习惯以及民族习俗的不同，造成了每个人的理解力以及民族心理的不同，因此，在进行广告翻译时除准确传递原文的字面信息之外，还要注意将读者的消费心理与产品的特色有机结合起来，坚持创新的原则，使广告译文产生持久的广告效力，成功吸引消费者的注意。

四、连贯忠实性原则

（一）忠实性

商家做广告的根本目的是将自己的产品进行有效的宣传，从而达到预期的效果。虽说这是以营利为目的，但在广告宣传期间要对自家商品进行真实描述，尤其是在对商务英语广告进行翻译时，要符合译入语的标准，不要夸大其词。要始终使译文与原文保持某种"忠实"的关系，以便对消费者传递正确的产品信息。

（二）连贯性

商务英语广告译文应具有与广告原文相同的表现力和感染力，这样的译文才能吸引广大消费者的注意，使其对产品进行购买。

广告是具有一定的信息功能与劝说功能的，广告翻译不是单纯的语言转换，要使广告译文也能忠实体现广告的目的。为此译者要注意以下两个问题。

①要了解产品的性能、特点、优势、价格、信誉度等基本信息。

②要对广告的传播方式、卖点、目标人群等有较深入的理解，这样才能在翻译过程中把握好重点。

五、统一性原则

所谓统一性原则，指的是将其广告的翻译内容与原文的文字保持相同。用这一原则的主要目的是，可以将原文的语言特点更好地进行再现。只有这样才能使译文与原文的感染力达到同步的状态，从而达到同样的宣传效果。

第三节 当代商务英语广告的翻译方法

一、直译法

商务英语广告中并不是所有广告都是复杂的，内容意义相对简单明了、结构清晰的广告大量存在，而且这种广告极受商家的关注。因其简单易懂，消费者也容易记住。在对这种广告进行翻译时，可以使用直译法。直译法可使译文在内容与形式两个层面与原文保持一致，能够将原文信息最大限度地进行传递。

二、意译法

意译法简单来说就是舍弃原有的句子，找到一些与原来语句意思相同或相近的语句来做替换。比如商务英语广告中的某些语句，其表述顺序、语法结构或艺术手段等无法使用直译法来进行传递，便可以找一些意思相近或是相同的语句来进行翻译。

三、增译法

增译法就是在原有的广告词上，适当添加一些词汇、短语或句子，以便准确表达出原文的含义。随着全球经济的快速发展，商业之间的竞争更加激烈，广告行业也未曾幸免。广告的目的是争取大量消费者，因此要以消费者为中心，使其进行消费。这是商家做广告的根本目的，同时也是广告翻译的根本任务与职责。但要想使广告翻译表达得恰如其分，就需要在进行广告翻译前，先了解其语言的特点，然后再采用恰当的翻译策略和技巧。

四、音译法

（一）联想音译

所谓联想音译法，就是利用汉字组合来进行标音，在原有音的基础上，进行一定意义的联想。一般情况下，联想意义是不完全相同的，因此就将联想音译法分为以下两个类型。

①表意型。表意型联想音译通常具有通俗易懂的特点，这样有助于加深消费者对产品的印象。它是通过汉字组合来暗示消费者其产品的性能、特点与优势等。

②误导型。误导型联想音译其译名更多情况下是对消费者产生误导性联想,但这并不代表其对相应的产品性能不加任何解释说明。

(二)纯音译

纯音译也叫作"非联想音译"。"纯"就是单纯的意思,纯音译也就是说单纯根据发音来进行翻译,得出的译名只用来标音,不添加任何多余色彩,不具备任何联想意义。

五、仿译法

在现实生活中,大部分人都听过故事、成语以及格言,每个人也都会说一些方言等,如果将这些内容运用到商务英语广告翻译当中,使广告贴近消费者的生活,就很容易引起消费者共鸣。如此一来便会激发消费者对产品的兴趣,从而购买商品。

六、创译法

创译法就是具有创造意义的翻译,如何体现创造意义,就是在原文的基础上添加一些内容来进行创造,然后再进行翻译,这样翻译出来的文章要比原文更加完善,但其中心思想是没有变化的。商家做广告的目的无非就是吸引广大消费者的眼球,使其对产品产生兴趣,然后进行购买消费。因此,可使用创新性的表达方式来进行相应产品的翻译。

七、套译法

(一)复合词的套译

由两个以上的词素组成的词语就是复合词了。在商务英语广告中通常会使用一些复合词,其可以实现简洁的表达。这些复合词可以摆脱英语在词类、句法、词序上的限制,没有什么局限性,而且其表达的含义相对来说也比较固定,因此在翻译这类复合词时可直接进行套译。

(二)短语的套译

1. 名词与形容词短语的套译

商务广告英语往往需要对相关产品的质量、性能、特点等进行介绍。通常情况下,会使用名词与形容词构成的短语进行产品介绍,渐渐地这些短语就成为相对固定的表达方式,可直接进行套译了。

2. 动词短语的套译

除了上述中所说的名词与形容词短语的套译外，商务英语广告中还常使用一些由动词构成的固定短语，这些短语也可以直接进行套译。

（三）句子的套译

前面说到了商务英语信函词语套用的情况，这种方式同样也适用于商务英语广告中。要使消费者对商家产生想要建立贸易关系的美好愿望，常见的广告结束部分就可以添加一些礼貌或者带有诚意的固定套语，在进行相关内容翻译时也可采取套译法。

第八章 当代商务英语合同的翻译

随着我国综合国力的进一步增强，国际交流与贸易往来也越来越多。商务合同在国际贸易中扮演着很重要的角色，在涉及贸易双方的权利与义务时，商务英语合同的使用与翻译也就显得越来越重要。本章以当代商务英语合同的翻译为主体进行研究与讨论，就商务英语合同的语言特点、翻译方法、翻译原则进行详细论述。

第一节 当代商务英语合同的语言特点

一、商务英语合同的词汇特点

（一）词汇专业化

专业术语不仅可以精准地对商务活动进行描述，还可以对商务活动中的各个环节进行总结，在商务英语合同中会使用大量的专业术语，所以商务英语合同中的词汇使用必须专业化，具体如下所示。

arbitration 仲裁

binding force 约束力

in duplicate 一式两份

force majeure 不可抗力

registered capital 注册资本

freight forwarder 货运代理商

（二）文体语言简洁化

商务合同的文体语言应该着重突出文体语言的简洁性，避免使用过于繁重的语言，所以在英语商务合同中会出现大量的简洁表示，也就是缩略语，如下所示。

B/L（Bill of Lading）提单

L/C（Letter of Credit）信用证

T/T（Telegraphic Transfer）电汇

CFR（Cost and Freight）成本加运费

D/A（Documents against Acceptance）承兑交单

（三）介词短语平常化

在英语商务合同中，介词短语的出现次数也是比较频繁的。很多的时候都会使用复杂的介词短语来替代非正式语体中的一些介词与连词，就是为了确保商务合同的正式性与准确性，举例说明。

译例：The participants in the joint venture shall commence discussion with regard to the extension of the period of existence of the venture and in the event of their agreeing upon such extension, they shall record such agreement in a written document signed by all of them not later than three years prior to the expiry of the current period.

译文：合营者应就合营期限的延长开始讨论，如果他们同意延长合营期限，应在不迟于本期限届满前三年以全体签字的书面文件记录。

在上述的例子中，用"in the event of"取代了"in case of"，就会使文体变得更加准确与正式，也显得商务合同的语言更加严谨。

（四）情态动词频繁化

情态动词是日常英语学习中的重要内容之一，例如，最常见的 can、may、shall 等，在商务合同中也会出现，用来表示某种意愿。情态动词的出现以及使用是为了更好地规范双方的权利与义务，举例说明。

译例：The date of registration of the cooperative venture company shall be the date of the establishment of the board of directors of the cooperative venture company.

译文：合资公司注册登记之日，为董事会正式成立之日。

（五）经常使用并列词

在商务英语合同中难免会出现一些同义词，或者是并列词，如果按照中文的思维模式，那么就会将重复的删除，但在商务英语合同中，这些看似重复甚至是啰唆的并列词，却可以保障合同的准确性。

null and void 无效

charges and fees 收费

costs and expenses 成本费用

purchase and sell 购买和销售

complaints and claims 投诉索赔

（六）外来词汇熟练化

由于商务英语合同的特性，商务合同中外来词汇的含义是固定的，出现变动的概率比较低。

pro forma（拉丁语）估算表
null and void（拉丁语）无效
nota bene（拉丁语）注意，留心
ad valorem duty（拉丁语）关税
force majeure（法语）不可抗力
agent ad litem（拉丁语）委托代理人

二、商务英语合同的句子特点

（一）经常使用长句

由于商务英语合同主要体现贸易双方的权利与义务，具有法律效力，为了将相关的内容与含义准确地表示出来，在商务英语合同中会大量使用长句。

（二）多用固定表述

商务英语合同是一种规范性的文体，在它的形成与发展过程中，会出现一些相对固定的模式与表达，通俗来讲就是我们常说的套语。这就像模板一样有一定的借鉴作用，如下所示。

the generality of the foregoing 上述一般
obligations under this agreement 本协议规定的义务
any failure or delay in the performance 未能履约或履约延误

（三）多用一般现在时

商务英语合同的用处就是用来阐释客观现实。关于客观现实的阐述，采用一般现在时最为合适了。多使用一般现在时，可以更好地规范合同中的内容，对于双方的权利与义务的规范也比较客观。一般现在时有利于体现出合同的内容的真实性与现实性。

（四）经常使用陈述句

英语的句式有很多，比如陈述句、疑问句、祈使句、复合句、感叹句等。但是在商务英语合同中，使用概率最高的就是陈述句，很难会在商务英语合同中看到疑问句或者是感叹句。因为商务英语合同中需要对双方的责任与义务进行明确的规范，用来陈述客观的事实，因此要求严谨与准确。

（五）经常使用定语从句

定语从句在商务英语合同中的主要作用就是，将产品的优势与特点进行详细的表述。在商务英语合同中使用定语从句，就是为了表现出商务英语合同的特性。

（六）尽量多用主动语态

由于商务英语合同中涉及双方的权利与义务，为了将责任更好地表现出来，一定要多使用主动语态。在商务英语合同中，涉及客观事物时，一定要避免将个人的情感和意愿与商务合同的翻译联系在一起，并不是在商务英语合同中全部使用主动语态，不用被动语态，而是需要根据现实的合同情况来决定。

第二节　当代商务英语合同的翻译原则

一、商务英语合同的翻译原则

（一）准确性原则

商务英语合同是专业与准确的，合同的翻译直接关系到双方的利益，因此一定要确保翻译无误。

准确性是商务合同翻译的灵魂。对等就是对合同文字字斟句酌，深刻理解，把握原文的确切含义，紧扣合同的文体与格式，忠实地再现原文，争取在内容和文体风格上达到最贴近的对等。

但是，对等绝非单纯的字面对应，绝非机械的生搬硬套。例如，汉语中"打白条"的翻译，如果盲目追求形式上的对等，逐字对应翻译成"to issue blank paper"，外国人看了就会觉得莫名其妙，不知所云。而如果用"to issue IOUs"（IOU是"I owe you"的缩略词）来表达这一意思，让人一看就明白。

在国际经贸活动中经常会遇到商务合同翻译方面的错误，而且，因翻译问题引起的纠纷或官司也屡有发生。合同文字的错译、漏译，有时看似小小的问题，并不起眼，却常常失之毫厘，差之千里，会给国家、企业或个人带来损失，所以翻译时需慎之又慎。在两种语言的转换中，译者需要具备相应的法律和文化知识，正确理解对应表达的含义范围，以"求信"为标准，在准确的基础上力求译文通顺。目的在于严格界定各方的权利与义务，避免一切可能的误解和歧义。

1. 词语准确

因为商务英语合同的专业性很强，因此在翻译的过程中一定要多加注意，对错误与歧义要进行合理规避。翻译商务英语合同不要求辞藻华丽，只要求将合同的意思表述完整，符合客观事实即可。

在英语中，词汇是最基础的。想要正确地将合同中的内容翻译出来，一定要掌握相关的词汇。在英文中有很多的词汇不能只留于表面的含义，或者是只考虑到其中一种含义，这样对于翻译工作是很不利的。应该选择专业的术语进行翻译，这样才会体现翻译的专业性。例如，accept 这个词在商务合同中不能翻译为"认可""接受"，而应翻译为商务用语"承兑"。shipment date 和 delivery date 从表面上看似乎是同一个意思，但在商务合同中却分别表示"货物的离港日期"和"货物的到港日期"。

所以说，英文中的很多词汇在商务英语合同的翻译过程中应该多加注意。在翻译的过程中，一定要找到最准确的词汇含义，避免出现词不达意的现象，因为在商务英语合同的翻译中，稍有差池就会造成双方的困扰，甚至会引起一定的经济纠纷。

2. 内容完整

内容完整也是商务英语合同翻译的专业性要求之一。译者应确保在翻译的过程中将内容完整地翻译出来，一定要注重整体性，不能断章取义。

（二）规范性原则

翻译商务合同时应遵照合同文体和语言的规范，按照约定俗成的范式，以另一种语言再现原文本的权威性和规范性，不允许文字上的随意性。译文不仅要做到语言上的规范化，还应做到专业上和风格上的规范化。由于商务合同是双方维护自己权益的书面法律依据，因此，它的措辞都要求运用庄严体语言或正式文体。只有经双方同意后，才能对合同的语言文字进行变动或修饰。译者翻译时必须严格按照原文，避免随意性。

（三）严谨性原则

1. 结构严谨

合同翻译要在结构上和语言上体现严谨的原则。结构上要严格按照法律文件的程式和文体，语言上要使用正式的法律语言，使用专业的法律词汇、术语和句型结构，使表达清楚明确，措辞严密，避免用模棱两可的词句或多义词。

2. 行文通顺

顾名思义，行文通顺就是指在翻译的过程中注重条理，逻辑清晰。这也是在商务英语翻译过程中的基本要求。在商务英语合同中会出现很多的长句与复合句，要求翻译人员一定要理清条理，注重它们之间的关系，将原文想要表达的含义表达出来，使行文通顺、有逻辑、有条理。

3. 符合文体要求

在所有的应用文体中，合同文本是正式程度最高的契约文体，所以在翻译商务英语合同时，除了做到准确完整、行文通顺，还必须兼顾符合合同的文体特点。

综上所述，在商务英语合同中一定要遵循严谨性原则，注重行文的逻辑与通顺，兼顾整体的结构，符合文体要求，这样才能将原文的含义表达出来。

二、商务英语合同的翻译技巧

（一）直译法

在商务英语中，直译法的使用频率较高，直译就是在不违背汉语译文语言规范的前提下，在保持原有词汇含义和文体的基础上进行的翻译。这样的译文不但可以保留原文的风格、比喻和形象，还照顾了原文的语言习惯、民族文化特色，使得译文忠于原文，对于一些语句的翻译，英语原文和汉语译文之间能找到基本对应的用词，这就是直译法，如下所示。

译例：Trade mark is a legal term.

译文：商标是个法律术语。

译例：Exporter, in order to gain experience and polish their skills, should concentrate at first on selling to one or two key markets only.

译文：进口商为了获得经验和完善技能，起初应集中在一两个主要市场销售。

针对商务合同的特点，在翻译时应尽可能采用直译法，尽可能接近原文的文体和风格，不能直译的时候可采取意译法。

（二）意译法

意译法是指尊重原文的意思表达，但是不过多地追求细节，所进行的翻译工作。意译法的好处就是对于原文的形式结构不必过于细究，只要求翻译得流畅与自然。也需要将原文的重点突显出来，但是并不能随意地对原文进行修改，需要尊重原文的意图。意译法在商务英语合同的翻译中始终占有一席之地。

译例：Documents must be presented within 15 days after the date of shipment but within the validity of the credit.

译文：单据必须在信用证有效期内且在装船日期15天后提交。

"document"一般翻译为"文件"，而在国际贸易中却翻译为"单据"。

（三）增减法

一般而言，在英汉翻译中，很难做到字词上的完全对应。因此，为了准确传达出原文的信息，往往需要变通一下，对译文做一些适当的增添或删减，原则是增词不增义、减词不减义。

1. 增词法

增词是指把原文包含的但没有写出来的意思在译文里补充进去，或是把原文中省略的成分补充进去，使译文的意思完整。由于商务英语合同的特质，抽象名词在一定的情况下是可以充当可数名词使用的，可以表示一些比较具体的东西，所以翻译人员一定要注意，在翻译的过程中，注重翻译的逻辑。

译例：Party B shall examine all shipments on arrival and within 30 days after receipt shall notify Party A in writing of any claim that goods were either short-shipped excess quantities received or damaged parts were received.

译文：乙方须检查全部货物到港情况，并应在收到货物30天之内以书面形式通知甲方有关所收到货物溢短装或货物损坏的索赔要求。

2. 减词法

减词是指原文中一些词或词组可在译文中省略，无须译出。这是因为被省略的部分其意义已在译文中得以体现，或是因为这些词或词组硬译出来反而使译文显得别扭或累赘，违背汉语的表达习惯。英语合同为了确保表达精确、严密，经常会使用古体词，也会重复使用一些关键词或成对的同义词，这些均可以视情况做部分省译处理。

译例：Party A shall not, under this guarantee, be liable for any direct or indirect loss whatsoever arising out of any defect in the parts or components thereof.

译文：根据本担保，甲方不应承担因零部件而引起的任何直接或间接损失的赔偿责任。

用 "here" "there" "where" 等构成的古体复合词在商务合同中用得很多，但从具体汉语句子的上下文看，有不少是可以而且应该省略的。上述例句中的 "thereof"（由此）就属于这种情况，可以省略不译。

（四）翻译准确

在语言交际中最为重要的是理解词语的语境意义，而合同的语境是法律语境。如前所述，法律文本的特点是大量使用法律术语、专业术语、惯用语和缩略语，其表达基本上是正式的和固定的。了解并掌握这些特点，对理解和翻译合同文本大有帮助。译者在翻译时应尽可能使用译入语中对应的法律术语、专业术语和惯用语来表达，而不能将专业术语普通化，更不能任意创造。此外，还要注意同一术语在译文不同处出现时要前后统一。

译例：1 000 tons, 5% more or less at the Seller's option.

误译：1 000 吨，根据卖方选择，或多或少 5%。

改译：1 000 吨，卖方可溢装或短装 5%。

不熟悉销售合同的人很容易想当然地认为 "more or less" 是 "或多或少" 之意，而实际上，这是合同中常见的数量条款，称为 "溢短装条款（More or Less Clause）"，表示 "在规定具体数量的同时，再在合同中规定允许多装或少装一定的百分比"。

（五）统筹全篇确定词义

不管是汉语还是英语，都会出现一词多义的现象，这种词语会在语言环境下表达出来不同的含义。在翻译英语商务合同的过程中，一定要统筹兼顾，对于可能会一词多义的词语进行注意。把握好词汇的含义，将原文想要表达的含义表达出来。

很多商务英语的词汇在翻译的过程中，既有特殊含义也有普通含义。如果不对此进行注意的话，就会出现翻译失误，造成不必要的经济纠纷。为了避免此类错误，翻译时要根据上下文来确定词义，有疑问时应及时查阅专业书籍或词典，而不能想当然。

三、商务英语合同翻译的注意事项

在商务合同翻译过程中，除了注重词汇和句子的翻译技巧之外，还应注重整份合同的格式，应以原文为准，不能随意变动。另外，合同中有关 "shall" 的翻译，日期、数字、金额的翻译和大小写问题也不容忽视，不可想当然，要避免因这些小问题带来的贸易摩擦和争端。

（一）时间的表述

合同中有许多关于时间、期限的表示，如货物的装运日期、合同的订立日期等，翻译时稍有不慎就会产生歧义，需特别留心。如："to"和"till"表示"至，直至"，应理解为包括所述日期。"on or before"与"no later than"均表示"不迟于"之义，"prior to"表示"某日之前"，"on and after"表示"从某日起"。

译例：Shipment to be effected on or before October 13, 2018.

译文：2018年10月13日前（含13日）装船。（或装船不得晚于2018年10月13日。）

（二）金额的翻译

在翻译合同时，金额的表示非常重要，货币单位一定不能省略，更不能遗漏，如美元、澳元、加元、港元不能省略为"元"。为避免金额数量的涂改，除了用阿拉伯数字表示金额以外，后面往往用单词加以说明，加上"say"和"Only"，这相当于汉语中的大写金额。翻译时，必须把大小写同时译出，不能省略，以免出现漏洞。

译例：总值：USD23 500（贰万叁仟伍佰美元整）

译　文：Total Value：USD23 500（SAY US DOLLARS TWENTY THREE THOUSAND FIVE HUNDRED ONLY）

另外，英文合同汉译时不存在大小写问题，而中文合同英译时需要注意大小写。除了专有名词如地名、人名等首字母要大写之外，合同的当事人、合同中的条款、定义条款中定义的词或词组等单词的首字母均应大写，如："Party A""Force Majeure""Terms of Payment""Article 10""Technology""Products"。

（三）shall的译法

英文合同中最常用的一个词是"shall"，其意思和普通英语不同，表示"必须，应该"之义，而合同中"shall not"则表示"不许""禁止"之义，使用时一定要谨慎。

"will"在合同中虽也用作表示合同的法律义务，但和"shall"相比，语气比较弱，通常在表示不至于使用法律强制力的语气时使用。请比较下面例句中"will"和"shall"两词的含义。

译例：All costs to the Consultant for the above-mentioned services will be paid by the Company but in no event shall the consultant employ others without the prior authorization of the Company.

译文：顾问方因上述服务产生的所有费用将由公司方支付，但是，没有公司方的事前授权，顾问方不得雇用他人。

（四）注意单复词义

在商务英语合同的翻译过程中，对于词汇的单复数问题的关注度一直都不够。很多的名词在单复数的变化中会出现含义的变化，复数的意义也不一定是单数意义的延伸。一定要注意在翻译的过程中单复数的词义，不能掉以轻心，如果是单纯地看作复数概念，在翻译的过程中，就会出现本质上的区别。

（五）长句的语序的调整

由于语言习惯的不同，在汉语中，我们常常使用短句进行相关论述，这样可以将想要表述的内容更好地表述出来，但在英语中却不是这样的，英语习惯用长句进行表述。因此，在翻译的过程中，一定要注重汉语与英语之间的差异，在进行翻译与转换的过程中，一定要注重句子的逻辑关系，不能局限于一种思维模式，要注重两种语言之间关联性与差异性，对于英语中的长句进行词序与语序之间的调整。

第三节 当代商务英语合同的翻译方法

一、商务英语合同词汇的翻译方法

（一）重复译

在进行商务英语合同的翻译过程中，常常会出现这样的现象，那就是英文中会省略一些重复出现的并列词，但是在汉语的翻译过程中需要将这些省略的词汇重新翻译出来，确保翻译的完整性。

（二）省略译

在商务英语合同中会出现一些并列关系的同义词，如果将这些同义词都翻译出来，那么翻译的问题就会显得过于冗长，不利于最初目的的实现。为了将译文翻译得更加准确与简化，可以采用省略译法，将原文中的重复语言省略。关于商务英语合同中的省略译法主要体现在以下三个方面。

1.同义词省略

将并列的同义词有选择性地省略，确保原文的完整性与准确性。

2. 名词省略

在翻译的过程中,有些名词是可以省略的,这样不会显得译文比较啰唆。

3. 副词省略

在翻译的过程中,有些副词没有实际上的含义,因此就不需要进行系统的翻译。

二、商务英语合同句子的翻译方法

(一)长句翻译

长句是商务英语合同中使用最频繁的,也是最为困难的。长句中的句子成分与句式结构都比较复杂,因此,关于商务英语合同中的长句翻译需要注意的事项都比较多。

关于商务英语合同中的长句翻译的方式也有很多,采用哪一种翻译方法需要结合具体的情况而定。

1. 顺译法

顺译法是商务英语合同的长句翻译方式之一,它是按照一定的时空顺序以及逻辑顺序进行翻译的,如下所示。

译例:The Seller shall notify the Buyer two months prior to each shipment whether his inspectors will join the inspection of the shipment. The Buyer after receiving the notice shall inform the Seller of the date of inspection at least 20 days before the date of open-package inspection and shall also render convenience to the Seller's inspectors in their work.

译文:卖方在每批货发货前两个月通知买方是否参加该批货检验。买方收到通知后至少在开箱检验日期前 20 天将检验日期通知卖方,并为卖方检验人员提供检验工作的便利条件。

通过上述的例子,可以看出不管是逻辑顺序,还是时间顺序都与原文的表达相一致,这就是采用了顺译法。

2. 分译法

在商务英语合同中的长句,会出现自成一段的情况,在翻译这样的句子的时候,不能采用直译法,这样翻译起来不仅比较费力,而且容易造成语句不通顺。这时候需要采用分译法,使译文适应逻辑顺序,符合原文的意思表达。

3. 合译法

合译法就是将关联性比较大的词语联系在一起，翻译的时候进行整合。

译例：By confirmed, irrevocable, transferable and divisible L/C to be available by sight draft to reach the Seller before ×× and to remain valid for negotiation in China until ×× after the time of shipment. The L/C must specify that transshipment and partial shipments are allowed.

译文：买方须于××前将保兑的、不可撤销的、可转让的、可分割的即期付款信用证开到卖方，该信用证的有效期延至装运期后××天在中国到期，并必须注明允许分批装运和转船。

上述的例子就是合译法的典型，不仅不影响文章的整洁，还将原文的含义表述了出来，保持了原文含义的连贯性。

（二）从句翻译

1. 状语从句翻译

一般状语从句在商务英语合同中的位置是比较灵活的。在翻译的过程中，一定要注重句子之间的关联性，一般分为以下几种情况。

①按照原文语序进行翻译，有些状语从句可按照原句的语序进行翻译。

②翻译为非状语从句。有时根据需要，可将英语的状语从句翻译为汉语中的非状语从句。

③变换状语从句的类型进行翻译。对于有些状语从句的翻译，可根据逻辑需要，翻译成其他类型的状语分句。

④变换原文的语序进行翻译。英语合同中有些状语从句的逻辑位置与汉语不同，这就需要转化从句的位置，按照汉语的逻辑关系进行翻译。

2. 定语从句翻译

关于定语从句的翻译，一定要按照汉语的表述情况，将其放在限定成分之前，一般译为"……的"的结构，如下所示。

译例：In case no amicable settlement can be reached between the two parties, the case in dispute shall be submitted to arbitration which shall be held in the country where the defendant resides.

译文：如双方达不成友好协议，争议可提交仲裁。仲裁在被诉方所在国进行。

上述例句原文中"which"引导的定语从句是对主句的补充说明，而不是对中心词的限制，与中心词的关系并不十分紧密，所以将其翻译为汉语中的并列结构。

第九章 当代商务英语法律文献的翻译

商务活动离不开法律法规,商务英语法律文献翻译是商务活动中的一项重要工作。商务英语法律文献翻译工作者必须具备商务英语专业知识,还应掌握相关国家的法律法规,掌握商务英语法律文献的特点。本章具体探讨当代商务英语法律文献的语言特点、翻译原则和翻译方法。

第一节 当代商务英语法律文献的语言特点

一、当代商务英语法律文献的词汇特点

(一)惯用法律术语

法律术语是用来准确表达特有法律概念的专门术语。惯用法律术语是商务英语法律文献的一大特点,是商务英语法律文献区别于其他文体翻译的重要特征。使用法律术语具有明确的法律含义,可以确保法律文献的准确性和严谨性。在当代商务英语法律文献中,法律术语的数量非常可观,下面简要列举一些常用的法律术语。

agent 代理人
conveyance 财产转易/转让
demur 抗辩,反对
lien 留置权;抵押权
principal 本人,当事人;主犯,首犯
surety 担保人
tort 侵权
will 遗嘱

(二)常用拉丁词语

商务英语法律文献中的很多词汇都是从拉丁语借用过来的。在商务英语法律文献中使用拉丁语等外来词语可以使法律文献更加庄重。下面列举一些

商务英语法律文献中的拉丁词语。

    ad litem 为了诉讼（目的）

    in re 关于；案由

    mala fides 恶意

    nil（什么都）没有

    per capita 人均

    pro rata 按比例计

    scienter 明知，知情

    versus 诉；对

（三）常用并列词语

商务英语法律文献中常用一些并列词语，通过这些并列词语来加强法律文献的完整性和严谨性。这些并列词语常被 and 或 or 连接起来。下面列举一些商务英语法律文献中常用的并列词语。

    agent or collector 代理或收款人

    due and payable 到期应付的

    free and clear 没有义务的

    goods and chattels 货物与动产

    null and void 无效

    purchase and sell 购买和销售

（四）惯用古旧词语

虽然日常英语中已经很少使用古旧词语，但在商务英语法律文献中惯用古旧词语。这些古旧词语使商务英语法律文献更加正式、严谨、简练。古旧词语主要是由 here、there 和 where 加上 after、by、in、of、on、to、under、upon、with 等词构成的词语。下面列举一些商务英语法律文献中常用的古旧词语。

    hereinabove 前文

    hereafter 此后

    herewith 与此一道

    thereby 按此

    therein 在其中

    thereto 到那里

    whereby 按，靠那个

wherein 在那方面
whereto 对于那个

（五）使用模糊词语

一般情况下，商务英语法律文献中为了使双方利益明确，所使用的语言应避免模棱两可。但在一些情况下，法律文献必须使用一些模糊词语去准确表达法律概念，以发挥法律的调节功能。下面列举一些商务英语法律文献中常用的模糊词语。

due care 应有的谨慎
excessive 额外的
improper 不适当的
obviously 明显地
quite 相当地
related 相关的
somewhat 稍微，有点
soon 不久；很快

（六）使用规约性情态动词

法律语言是具有法律效力的言语行为，包括颁布、修改、禁止、授权等。法律法规的规范性通过法律语言来实现。商务英语法律文献常使用规约性情态动词来表达承诺性、指令性和宣告性的法律语言。商务英语法律文献中常用的规约性情态动词有 should、shall、may、must 等。

（七）使用同义词并列

商务英语法律文献中常出现同义词并列，以增加法律文献的准确性和严谨性。下面列举一些商务英语法律文献中常用的成对的同义词和近义词。

able and willing 能够并愿意
agent or collector 代理或收款人
and/or 和（或）
due and payable 到期应付的
goods and chattels 货物与动产
null and void 无效
purchase and sell 购买和销售

二、当代商务英语法律文献的句法特点

（一）使用陈述句

商务英语法律文献最显著的句法特点之一就是多使用陈述句。陈述句与法律语言正面、客观的特征相符。在商务英语法律文献中，陈述句约占百分之九十以上。

（二）使用被动句

商务英语法律文献中常用被动句来规定行为，包括双方的权利与义务以及法律后果等。被动句是对有关事项的客观描述与规定，可以体现出商务英语法律文献客观、公正的特点。

（三）使用从句

1. 条件状语从句

商务英语法律文献中常涉及利益双方对权利的确认和对义务的规定，因此，商务英语法律文献中就经常出现由条件句引出的结论。常用的引出条件的连接词有 if、unless、should、provided that 等。

除以上条件句的连接词外，商务英语法律文献还常使用一些表示条件的介词短语，如 in case of 和 in the event of 等。此外，商务英语法律文献还常出现如 "unless otherwise agreed in writing between the parties hereto"（除双方另有书面协议外），"unless otherwise stated herein"（除本协议另有规定外）等条件句。

2. 定语从句

商务英语法律文献常使用定语从句，因此长句较多。之所以使用定语从句，是因为法律语言应具有精确性。使用定语从句目的在于使法律语言意义清晰、明确，以排除产生误解的可能性。

3. 主语从句

商务英语法律文献中常使用以 It 为形式主语的主语从句，以增加法律文献的严谨性和准确性。商务英语法律文献中常见的句型如下：

It is agreed that...

It is understood that...

It is agreed and understood that...

4. 状语从句

商务英语法律文献中还会使用状语从句来使法律语言表述得更加清楚、明确。即使使用状语从句会使句子很长，但也要使用从句来限定意思，避免出现模棱两可的句子。

（四）使用复杂长句

商务英语法律文献的目的是规定签约各方的权利与义务，而不是提出问题或进行商讨。因此，商务英语法律文献中不仅都是陈述句而且都是完整句，这些句子多为由定语从句或状语从句等构成的复杂句。

此外，法律英语文本句子的长度远远大于其他文体。据统计，法律英语句子平均长度约为270个单词，而科技英语句子平均长度约为25个单词。

（五）大写单词字母

商务英语法律文献经常用大写达到强调、突出的目的。

译例：IN WITNESS WHEREOF we the Secretary and two of the Committee of Management of the Society have hereunto attached our signatures.

译文：以昭信守，管理会秘书一人及成员两人特此签字立据。

三、当代商务英语法律文献的语篇特点

（一）格式固定

当代商务英语法律文献的格式一般都是沿袭旧法。商务英语法律文献的许多格式都是沿用已久的，具有相对固定的含义。因此，在一般情况下沿袭旧法即可，这样既节约时间，又显得原汁原味。

商务英语法律文献中的语言必须严谨、准确、确凿。法律文献必须措辞严谨，行文面面俱到，不能允许出现任何误解和歧义现象。法律文献在不断的实践发展中形成了与众不用的语言程式。法律语言经过千锤百炼，可以说在语义上无懈可击。法律文体相对稳定，法律语言趋于高度专业化。

（二）语体庄重

总体来讲，商务英语法律文献属于正式的书面文体，法律语言措辞严谨、精准、庄重。因此，在翻译商务英语法律文献时应避免使用口语化的非书面语言，恰当使用虚词和其他书面语可起到言简意赅的效果，还可分解句子，使句子更加简单明了，但应保持法律文献的庄重感。

（三）措辞委婉

商务英语法律文献措辞讲究得体、委婉，为避免刺激对方，即使是向对方抱怨，甚至是要求索赔，也是十分婉转的。因此在翻译时应表达出原文的语气。

译例：We are looking forward to the pleasure of hearing from you again soon.

译文：盼早日再次得到你方回复。

译例中的"looking forward to the pleasure"用词十分得体，译文用"盼"来表达出原文的语气。

（四）行文严谨

商务英语法律文献的一大特色是行文严谨。大到国家法律法规，小到企业项目的合同等，都是具有法律效力的文件，在撰写和翻译时稍有差错就会造成纠纷，导致经济损失，严重时甚至会带来不良的政治影响。因此，在商务英语法律文献翻译时，应注意以下几方面。

1. 统一译名，避免歧义

在商务英语法律文献中，一些法律术语和关键词都具有严格、明确的意义。在同一篇文献里，为避免概念意义混乱，在翻译时原则上要求前后译名一致，避免读者与原文形成理解分歧。例如，原文中第一次出现"information"时，将其译为"情报"，在以后出现时就不应译为"信息"；原文中第一次出现"technical know-how"时，将其译为"专有技术"，在以后出现时就不应译为"技术秘密"。在一些重要的法律文献中，会对关键词有明确的书面定义。

2. 不厌其烦，力求严谨

商务英语法律文献为了避免歧义，在撰写和翻译时应不厌其烦、力求严谨。一些文字看似多余，但又是不可缺少的。在商务英语法律文献的撰写和翻译中应注意考虑以下几方面的内容。

第一，要注意 and/or 的译法。为使法律文献行文严谨，文本中常使用 and/or。在翻译时应根据具体情况，进行完整翻译，避免漏译。

第二，应注意词语的单复数形式，如"损失"这一词语在汉语中没有单复数形式，但在英语中有"loss"和"losses"的区别，因此，在翻译时应充分理解原文，考虑好单复数的形式。

第三，应注意时间表达法，商务英语法律文献中对时间表达的要求十分严格，不能模糊表达，不允许出现差错，以免出现理解上的歧义，造成经济损失。因此，在商务英语法律文献中常会同时使用两个介词，或增加其他限制词语来精准地表达时间。

第四，应注意金额和数字的表达法。在商务英语法律文献中，为便于核对，避免出现金额、数字上的差错，避免出现经济漏洞，凡涉及金额及其他数字，都应大小写，即在小写之后，在括号内用大写重复一次，在大写金额前后还应加上"SAY"和"ONLY"，相当于汉语中的"大写"和"整"。

译例：Party A (The Employer) shall pay Party B (The Employee) a monthly salary of US $500（SAY FIVE HUNDRED US DOLLARS ONLY）．

译文：雇主须每月付给雇员500美元整。

例子中金额的表达是英文合同中的惯用方法，在"$500"后用括号大写重复了一次"（SAY FIVE HUNDRED US DOLLARS ONLY）"。

应特别注意大写与小写的金额数量要一致。另外，在表达金额时，应注意正确使用不同货币的名称符号，以及写清金额中的小数点。这些千万不能疏忽，否则后果不堪设想。

此外，还应注意倍数的表达。由于中英的表达习惯不一致，在汉语中增加××倍是不包含基数的，表示增加的倍数；而英语中则是包括基数的，表示增加后的结果。

3. 推敲词义，准确措辞

商务英语法律文献中经常涉及利益各方的权利与义务，表达不清会造成利益纠纷。因此，在商务英语法律文献中要准确措辞，准确推敲词义。为保证法律文本的精确性和严谨性，每个词语、每个句子都应表达准确、无懈可击。商务英语法律文献翻译的质量与措辞准确有极大的关系。

（五）表层语义信息

商务英语法律文献的文本内容必须字面化，换言之，商务英语法律文献的文本内容所传达的语义信息应是语言文字表达的信息。商务英语法律文献不存在深层结构的语义信息。所有法律文献只表达字面意思，说一就是一，不能有任何深层的引申意义，不存在隐藏在字里行间的含义。虽然商务英语法律文献的句法结构稍显复杂，但是语义表达明确、毫不含糊，读者不会从字里行间揣测出任何其他意义。

（六）风格信息独特

商务英语法律文献的语言风格有别于其他文体，风格信息独特。法律语言风格正式，是语言功能文体中最正式的书面语。商务英语法律文献中体现出一种古体语言的特征，法律文献中使用不少古旧英语词汇和外来词汇，使商务英语法律文献更加严谨。

法律语言的特征具有保守性、稳定性和规定性。因此，为避免因法律语言的疏漏而引起误解，甚至导致法律纠纷，即使法律语言结构复杂，也要宁可牺牲法律语言一目了然的清晰性，去保证法律语言百分之百的确凿性。尽管近年来有人提出法律语言应该简化的观点，但由于法律语言本身的特征，这种保守性仍然存在。因此法律语言不管怎样简化，其确凿性是不能改变的。任何法律语言的简化都必须以法律语言不能引起误解和产生歧义为前提。以下列举几个在商务英语法律文献中经常出现的套语。

It is agreed that...

双方同意……

This is no certify that...

兹证明……

...subject to...

以……为准

这些固定短语和句型表现出法律英语的稳定性和保守性。保持法律英语的稳定性和保守性的特征是法律文本的严谨性所要求的。

第二节 当代商务英语法律文献的翻译原则

一、准确性

商务英语法律文献翻译的首要原则是准确性原则。由于商务英语法律文献注重语言的严谨性、庄重性和准确性。因此，译者在翻译商务英语法律文献时应遵循准确性原则，准确传递出原文的信息与风格。

二、简明性

商务活动讲究效率，因此商务文本具有语言简明的特点，商务英语法律文献也不例外。为了准确传递出商务英语法律文献语言简明的特点，译者在进行商务英语法律文献翻译时，应遵循简明性原则。也就是说，译者在翻译商务英语法律文献时，应使用明晰的词语和句子，简单明了地传递原文的信息，以方便读者阅读。

三、一致性

商务英语法律文献翻译原则除准确性和简明性外，还必须遵循一致性原则。一致性原则是指在同一篇商务英语法律文献中，对于出现的同一术语必须始终采用译语中同一对应的术语翻译，不能使用同义词或近义词追求语言形式与文采的多变。商务法律文献翻译要保持原文的格式、体例和程式。此外，对于其中包含的专有商务词汇，译者在翻译之前可参考一些词典和书籍，以提高商务英语法律文献翻译的准确性。

四、规范性

商务英语法律文献翻译的重要原则之一是规范性原则。规范性原则是指译者在翻译商务英语法律文献时，必须使用规范化的语言，不能使用非书面语言，避免使用方言和俚语。

五、逻辑性

商务英语法律文献句子长度较长，句子结构较为复杂，条件句、定语从句的使用频率非常高。法律文献把错综复杂的信息有逻辑地安排在一个句子当中，以完整地、准确地表达一个法律概念和法律事实。

译者在翻译复杂长句时，应简化句子结构，剔除定语、状语等修饰语，找出主句，抓住中心意思。即使修饰主语的定语从句非常之长，并且有定语后置、分隔现象，而且从句之中又套从句，句式结构非常复杂，但这种句式的复杂性使法律文本表达严谨、庄重、完整，主从分明。

翻译时要注意用词的精确，无须过多地关注用词多样化问题。因此，在同一篇法律文本中，很少出现对同一词语使用同义词或近义词替代。翻译时，切忌一词数译。当然，在不引起歧义的情况下，如有必要，也可做适当调整。

商务英语法律文献措辞严谨，在翻译时也应不厌其烦地对每个词语进行分析，不可敷衍了事，应用专业知识，根据具体情况，把握每个词语的真实含义，选择出最精准的词义。即使是一些表面看起来无关紧要的词语，也应认真对待，不可随意丢弃，也不可胡乱引申。

第三节　当代商务英语法律文献的翻译方法

一、直译法

由于商务英语法律文献语言严谨、庄重，其翻译不允许译者进行独自创造。译者为忠实再现法律文献的原文，在翻译过程中常采用直译法。但需要注意的是，直译并不等于死译和硬译。译者应根据英汉语言特点，既要完整翻译出原文，又应保持译文句子的逻辑性，使译文符合译入语的表达习惯。

二、拆译法

商务英语法律文献中经常出现结构复杂的长句，这些句子往往从句套从句。对于这类句子的翻译，便可采用拆译法。拆译法是将原本的长句进行拆分，用简单的短句来表达长句。需注意的是，运用拆译法的前提是保证原文意思不变，不可对句子进行盲目拆分。

三、增译法

由于中英双方的法律法规存在差异，法律文献中的一些词语如果直接翻译就可能造成意义模糊不清，表达不清晰明确。因此，译者在忠实于原文意义的基础上，可对原文信息进行增减处理。

商务英语法律文献的翻译常使用增译法，即在原文内容的基础上增加一些必要的词语，以更加完整地表达出原文的含义，使译文从整体上更加严谨、清晰，且符合译入语的表达习惯。增译法从本质上而言是为了更加忠实于原文且保证译文的质量。

四、省译法

由于英汉语言在文化、表达习惯方面存在差异，因此，在翻译时除采用增译法之外，还需使用省译法。省译法就是将原文中的一些内容进行省略，因其在译文中显得多余又没有什么实际意义，故将其进行省略。需注意的是，删减不是随意进行的，而是要做到"减词不减意"。

五、转译法

由于中英语言的词语在类别上不是一一对应的，因此，译者在翻译过程中需要采用转译法，对原文词性进行转换。转译法是突破原文的词法和句法格局，使原文符合译文的表达习惯，使译文更加通顺。但需注意的是，转译法不可胡乱转换，应保持原文意义。

六、调序译法

由于中英思维方式和表达习惯不同，因此，译者在翻译过程中应根据译入语的表达习惯，采用调序译法，对原文的一些逻辑关系进行重新排列，使译文表达符合译入语的表达习惯。

第十章　创新视角下当代商务英语人才的培养

当今世界正处于科学技术不断更迭、进步的时代，社会对人才的需求也在逐渐发生着变化，所以，要根据社会经济的发展和市场需求的变化来制定人才培养的目标与方式。商务英语专业在人才培养方面还存在着传统人才培养方式遗留的缺点，比如过分注重语言技巧的训练，轻视综合素质的培养，英语语言与商务技能的割裂，实践能力培养欠缺等。因此，我们需要全面了解商务英语人才的社会需求和就业情况，从而更好地制定商务英语人才的培养策略。

第一节　当代我国商务英语人才的需求

一、对外商务活动发展壮大

当前，国际商务活动领域迫切需要商务英语人才。经济全球化意味着生产的全球化、贸易的全球化和金融的全球化。在经济全球化的进程中，我国坚持对外开放的基本国策，积极参与国际经济技术的合作与竞争。我国的国际商务事业全面实现了跨越式发展，而且，这一趋势仍将继续。

我国对外贸易的快速发展是由以下两方面决定的。一方面，我国对外贸易的发展日益迅速。另一方面，我国加入世界贸易组织之后，进一步缩小了与其他国家之间的距离。除此之外，我国不仅获得了经济利益，而且也在一定程度上提升了我国的技术水平和国际竞争力。

不过，海关总署新闻发言人、综合统计司司长郑跃声提醒，在不断扩大外贸数量的同时，国际商务从业者要把更多的精力转移到外贸发展的质量和效益上来，这是因为国际上的产业技术水平不断升级，消费者对产品更加挑剔，国际竞争更加激烈。

一方面，竞争格局的变化对外贸经营管理人才提出了新要求。另一方面，经济转型和产业升级也给外贸行业带来全新挑战。我国国际贸易偏重出口拉动的经济增长模式，并逐渐转变为以国内需求拉动为主的增长方式。对于拥有庞大人口的我国来说，消费市场十分巨大，这个消费市场正在进行着各方面的巨变。

贸易投资一体化是指当代国际贸易和国际直接投资之间高度融合、相互依赖、共生发展、合为一体的一种国际经济现象。这和产业链升级是密不可分的。对于外贸企业来说，在生产和营销等环节上如果实行一体化的管理，就可以从整个链条得到可观的利润。一些跨国公司甚至实现了从农场到餐桌的全产业链整合。

二、社会对商务英语人才的需求标准日益提高

对外贸易以及各种国际商务活动的发展现状对国际商务从业人员来说更加具有挑战性。涉外企业和机构最需要的是商务语言应用能力强、熟悉对外经贸和商务岗位知识及技能，具有动手与动口能力和较强竞争力的商务英语人才。

（一）较高的人文素养

简要地说，人文素养包括文（文化与文学）、史、哲三大领域的知识。国际商务从业人员要在国际环境中成功地使用英语从事各种商务活动，离不开人文素养和文化意识的培养。国际商务活动不仅需要英语语言技能和国际贸易知识，还需要财会、法律和文化等诸多人文性较强的学科领域的知识。商务英语是上述学科内容的综合而不是全部内容的总和，它的任务是培养学生从事国际商务活动的能力。人文教育培养出的人文素质使从业人员能够利用自身丰富的专业知识和广博的文史哲知识灵活应对各种情况，能够迅速分析问题。

健全人格、善思博识、自由精神和社会责任感也是人文素养的内涵。这些内涵似乎不能快速"适应"市场的需求，为企业带来直接的经济利益，但从长远来看，基于全人教育所带来的深厚底蕴，学习者未来发展会更具潜力，会成为推动社会进步的卓越人才。许多企业也已经认识到了这种潜在的资源优势，对人才的人文素养表现出更多的关注。

（二）扎实的专业知识水平

涉外企业对人才的专业知识非常重视，要求从业人员不仅熟练掌握本专业的理论知识（以国际贸易知识为主），还要扩充知识面，了解相关专业知识，如相关商品知识、财务知识、企业生产、企业管理和跨文化知识等。

（三）较强的文字处理能力

扎实的英文功底、熟练的翻译技巧和专业的商务写作能力都是涉外企业对商务英语人才在文字处理能力方面的要求。商务英语具有自身的文体特征，是现代英语的一种功能变体，是国际商务工作者之间长期交际的结果。商务英语属于实用文体，针对的就是商务领域的从业人员，无论是草拟经济合同与商务文书，还是翻译产品说明书和填制商业单证，都离不开商务英语的文字处理和应用。商务英语文字处理能力在未来的商务活动中将越来越重要。

（四）良好的市场开拓能力

当下，不少企业十分看重国际商务从业人员的市场开拓能力。在知识激增、竞争加剧、科学技术日新月异的今天，市场开拓能力逐渐变成企业最重视的一种能力。

开拓离不开创新，创新是一个组织为求生存谋发展所进行的活动的总称，开拓可以使公司再创造新价值。创新行为的涵盖面是非常广泛的，涉及新思想、新发明的产生、新产品的设计、新的生产流程、新的营销策略和开发新市场等各种活动。技术创新不仅能够促进生产效率的提高，而且能够使生产成本大大降低；体制创新不仅能够更好地促进企业的日常运转，而且还方便企业的管理，如美国通用电气公司通过减少企业管理层次的设置，避免了科层制带来的信息传递不畅通；思想创新对于企业的发展来说是非常重要的一个因素，领导者的思想创新能够保证企业沿着正确的方向发展，员工的思想创新可以增强企业的凝聚力，为企业带来更大的效益。因此，企业对从业人员的创新意识也有着强烈的要求。企业员工创新能力来自较强的自主能力与学习能力，员工的自主能力与学习能力能为企业赋予更强的开拓精神，从而更好地促进企业的生产与服务。

（五）较好的英语口语交际能力

具备较好的英语口语交际能力是从事国际商务工作的前提。大多数企业要求国际商务从业人员能独立承担中小型涉外活动的现场翻译工作，还能够独立进行对外商务谈判工作。伴随着全球经济一体化的发展，我国的商务活动已经不再仅仅局限于贸易领域，而是变得越来越多元化。因此，许多企业在招聘人才时会考察应聘者在多个商务领域的口语运用能力。

在该调查过程中，其中一位商务英语毕业生说，尽管她一开始只是一名秘书，然而由于她具有较强的英语口语能力，所以逐渐有了更多机会展现自己的能力，如今老板外出谈生意都会带她一起去，而且还升她为总经理助理。她认为，倘若与别人拼学历，那么普通院校毕业生没有任何优势，可是实实在在的商务英语口语技能才是企业最为看重的能力。

不仅如此，企业还要求从业人员具有较强的商务交际能力。商务活动是一个动态的过程，它要求从业人员能在不同的商务情景中灵活应变。可以说国际商务从业人员运用口语的过程实际上就是分析商务问题、解决商务问题的过程，商务知识和外语口语能力的简单叠加已经不能满足企业对商务英语人才的需要，企业需要的是能够通过自己的主观能动性把知识学以致用的人才。

（六）良好的团队合作与沟通能力

对于企业而言，团队精神的核心就是团结奋斗，团队精神有利于企业发展目标的实现。员工会在团队精神的指引下，统一思想认识，自觉地将企业发展目标作为自己行为的定位仪，因而形成一种凝聚力量，这是企业完成各项工作任务的必要条件。团队精神的加强会使成员自觉地要求进步，力争与团队中最优秀的员工看齐，这种自觉性的竞争激励员工不断进步，并且使成员相互感染、相互熏陶、自我激励、严格自律，从而使团队的整体合力不断增强。

国际商务从业人员还要具备较好的沟通能力。良好的沟通能力可以在一定程度上培养企业的团队精神，使团队顺利完成企业制定的目标。从业人员不仅要重视本企业内部成员之间和部门之间的沟通，还要重视与合作伙伴即国际商务活动中的合作对象的沟通。涉外经济活动的对象来自世界上不同的国家，而来自不同国家和民族的商务人员具有不同的文化价值观、行为准则、思维方式、态度和信仰，等等。这些差异很可能导致行为上的文化冲突，甚至导致生意上的失败。这也意味着国际商务活动的跨文化交际本质。跨文化商务沟通能力可以帮助人们解决国际商务活动中文化差异所导致的沟通与管理方面的问题。

三、学生自身对教育的需求标准提高

调查结果显示，学生选择商务英语作为自己的专业，是基于对这个适应社会需求的复合型专业的信任与憧憬。学生期待这个专业为他们带来良好的未来职业发展。他们对该专业的需求体现了教育服务这个产品的购买者对英语类专业教育的更高期待。

（一）看重专业核心竞争力

商务英语专业的设置以及学科的发展是我国高校英语专业为了适应全球经济一体化背景下社会对人才国际化和复合化的要求而做出的新动作。人才是知识经济时代最宝贵的财富，而是否具有鲜明的特色与优势决定了人才在社会中的被接受度。许多准备进入高等院校接受高等教育的考生把所选专业的核心竞争力作为最重要的指标。

（二）期待较高的教师素质

商务英语发展30年的历史和现实以及社会与学生对该专业所提出的教育要求在不断地发生变化，由最初的通用英语+商务知识，到通用英语+商务英语+商务专业知识，到如今一些院校四年一贯的商务英语教学+全英文授课的商务专业知识。

学生对自己的要求不再仅仅是英语能力和商务知识的简单叠加，而是能够灵活运用英语语言实现商务活动的目标，并能应对商务活动中出现的各种问题。在商务英语教学中，英语教师不再是单纯的语言教师，而是用英语讲授包括商务知识、商务谈判、商务演讲、商务会议组织等商务技能的教师。

第二节　当代商务英语的人才培养目标

一、商务英语人才培养目标定位的意义

某个专业的人才培养定位是其所在高校人才培养定位的反映。一般意义上来讲，高校定位反映了一所高校培养什么样的人才，怎样培养人才，人才的就业去向以及学校在教育系统中、在国家或地区经济社会发展中所处的位置。目前高等教育界关于高校定位的定义有多种不同的版本。高等学校定位是指高等学校在办学过程中如何确定自己的身份和地位。按照定位理论的观点，高等学校定位的定义可以表述为高等学校如何实施差异化、凸显核心优势、创造第一、做到与众不同、实现独特性，在社会公众心目中占据一个独特的有利的高校位置。事实上，高校人才培养目标定位的理论也是适用于任何一个专业的人才培养定位的。

中国高等教育现已进入大众化阶段，中国也成为全世界大学生在校人数最多的高等教育大国。高等教育市场化的概念也正在深入人心，大学必须在竞争中把握生存和发展的主动权，并在发展中形成自身的特色和优势，这是高等院校的生存之本。尽管目前就业市场对商务英语人才呈现出旺盛的需求，但是对于任何一个特定的办学主体来说，如果人才培养目标定位不够恰当、缺乏特色，不仅影响人才培养效果和毕业生就业，还会影响专业的长远发展。对于商务英语专业的人才培养而言，明确人才培养目标定位是保证毕业生在就业市

场拥有竞争力的基本要求,也是学科建设的必要条件,其积极意义体现在以下几个方面。

(一)增强商务英语专业竞争力

高等教育市场化的进程使得人才培养必须与市场需求紧密结合。如果地方院校与重点院校在人才培养目标上没有差异,各个院校都追求同一个标准,那么实力偏弱的院校必然会在市场竞争中败下阵来。在高等教育市场中通过不断地细分市场,每个高校会找到自己区别于其他院校的定位,同时也应该找到自己的特色,特色就是优势。只有凭借特色优势才能在激烈的市场竞争中获得较好的发展。新型的消费者型的学习者需要高质量的教育、便捷及时的反馈、个性化的产品和服务,这些营造了高等学校的新环境。而用人单位对人才的需求构成了另一种消费者群体。

面对双重的需求、双重的竞争环境,商务英语专业办学主体必须防止模仿跟风的办学方法,要积极发掘自己的优势,也就是自己院校所拥有的各种特色元素,努力培养,倾力打造,最终变成在市场中的竞争优势,在市场中找到自己的定位。有的院校所在城市是沿海发达经济区,拥有众多的涉外企业,本身与涉外企业有着一定的协作关系。学校就可以利用这些资源打造自己人才突出的实践能力。实践能力就成了该校的特色优势。有的院校在管理类学科上有着突出的教学和科研成就,完全可以凭借自己的专业优势打造国际商务管理能力突出的商务人才。在突出自身优势的基础上,在人才培养、科学研究、社会服务、专业设置、服务面向、生源保障、师资要求、校园文化建设等方面可以做出相应的规划设计和各种制度要求,从而强化自身的整体竞争力。

(二)为改革办学模式确定方向

总的来看,许多院校的商务英语专业办学效果并不理想,培养出的人才在社会上认可度低,其根本原因是传统的办学模式在一定程度上限制了人才培养工作的进展。对于传统的人才培养模式来说,源于苏联的高等教育体系,在学科专业设置方面不仅要专,而且还要精。尤其是在我国提出建设创新型国家的目标之后,我国的人才培养工作面临巨大的压力。

在这样的时代背景下,我国许多高校仍在沿袭传统的专业化培养模式。在实际教学工作中,多数院校仍然没有摆脱英语语言文学教学的旧模式,可谓"穿新鞋,走老路"。只有厘清培养类型,确定人才培养目标,才能够使全体教育工作者更新理念,更加重视学生的个性发展,通过个性化人才培养模式的构建,从而能够在一定程度上对学生的全面发展起到促进作用。

就目前我国高校办学状况而言，与人才培养目标种类划分相适应的本科教育模式可以形成三种设计思路：一是以提高综合素质为目标的通识教育模式，重视学生的心智训练和综合能力培养，强调培养各行业的领军人才；二是以形成专业素养为目标的专业教育模式；三是以适应就业为目标的应用本科教育模式。随着时代的发展和社会的进步，各行业对人才的需求标准越来越高，许多行业都提出既具备较高专业素养又要有深厚人文素养和应用能力的人才标准。目前，国际商务相关行业对商务英语人才的需求就呈现出这种高度综合性的特征。因此，商务英语专业在建构人才培养模式时，应该考虑这种高度综合性的人才目标需求，把上述三种人才培养模式加以融合，建构独具特色的人才培养模式，也就是要综合通识教育、专业教育和应用型教育各模式的特点进行综合设计。

对于这个存在时间只有不到10年的专业来说，设计出适合其人才培养目标的人才培养模式成了当务之急。可以确定的是，为了实现新时代的教学目标，商务英语专业的主要任务就是与传统学术形态决裂，以便更好地适应环境。

人才培养目标决定培养模式。确定人才培养目标定位有利于高效处理人才培养模式中的8对关系，有利于设计出科学合理的人才培养模式。这8对关系分别是：

1. 学科与应用的关系

商务英语学科是新兴的交叉学科，它的人才培养更需要学科建设为其提供理论支撑。这种现实决定了商务英语学科的建设应该以应用研究为基础，为商务英语专业应用型人才培养探索适合的教学模式。

2. 传授与学习的关系

教学的重要内容是传授知识，传统的讲授法是最便捷的知识传授方式，目前依然占据重要地位。但是在商务英语人才培养过程中，知识与实践的统一才算是完整的教学。能力的培养在于学生主动学习，不能靠被动地接受。因此，构建商务英语人才培养模式时要考虑制订有利于培养学生主动学习精神的方案。

3. 实验与训练的关系

实验能够强化学生对知识的掌握、对问题的分析，训练能够增强商务实务操作能力。商务英语本科教育的实践教学应该既重视实验又重视训练，综合提高学生的实践能力。

4. 学校与企业的关系

应用型人才的培养给学校增加了一项重要的任务，即为实践教学提供平台。商务英语本科院校要以涉外的商务企业为依托，在取得当地政府的支持之下，建立校外人才培养基地和实习基地，形成产学研结合的教育形式。

5. 基础课程与专业课程的关系

商务英语专业与传统的英语语言文学专业课程的内部逻辑结构有巨大差别，所以它们的学科基础也有所差别。许多院校在商务英语专业基础课的设置上仍然采用英语语言文学类的基础课，旨在奠定学生坚实的语言基础，但是复合型人才培养的目标使得商务英语本科教育应重新对基础课程进行构建。

6. 理论教学与实践教学的关系

理论来自实践，又为实践服务。商务活动的实践性决定了教学应注重学生实践能力的培养。对于商务英语本科教育而言，其专业核心课程应该是实践教学课程，从而能够在一定程度上提高学生的应用能力，并且还能够深化学生的理论学习。

7. 专业教育与通识教育的关系

对于专业教育而言，要服务于生产一线，注重培养学生的应用能力。然而，由于国际商务环境的复杂化和全球从业人员的整体素质提高，更需要具有深厚人文基础的人才来应对日益复杂的商务环境。这就需要改革传统的专业教育。

8. 人才培养和市场需求的关系

国际化是区域经济发展的一个重要内容，所以国际商务人才要从市场的需求出发，为地方经济的发展服务。

（三）为学科建设找到价值依据

商务英语学科发展凸显出的问题与矛盾使学科主体——商务英语专业的教学人员与学生，对其学科身份感到困惑，不仅在自我认知方面存在问题，而且在社会认知方面也存在着一些问题。因此，学科建设必须找到自身的价值参照点。

很显然，人才培养的恰当定位能够为本学科的建设找到价值参考点。我们可以从以下人才培养定位的三个视角为学科建设提供参照。

1. 学科交叉优势

可以说交叉性就是商务英语学科的核心优势。这种交叉并非英语和某种商务知识的静态交叉，而是处于不断发展的动态之中。在学科建设方面，人才的核心优势就是该学科的核心优势。学科建设将集中力量，以教学研究和科学研究为主要手段实现人才培养和学科建设的双重目标。

2. 学科特色优势

人才的特色优势就代表了学科的特色优势所在。商务英语学科可以把自己学科所特有的跨文化特色、语言特色、人文特色与商务特色结合作为自己的优势继续发挥作用。

对于英语语言理论具有高深研究理论水平和理论能力的院校，学科建设可以集中于商务语言的研究，打造自己在商务语言理论研究方面的权威地位以及培养高端商务翻译人才的优势。具有跨文化研究基础和能力的院校可以以跨文化领域为突破口，在该领域进行较深入的研究。具有商务学科理论优势的院校可以以商务能力为突破口，进行跨学科研究，使自己院校在培养优秀国际商务管理人才和业务人员方面呈现独有的特点。

3. 学科竞争优势

商务英语学科的竞争优势主要来自本学科培养出来的人才在就业市场的竞争力。人才的竞争优势保证学科在教育领域拥有一席之地。为了保证人才的竞争优势，学科会基于人才培养目标在教学工作和科研工作上加大力度，促进有关学科建设的各项工作的进程，比如加强学术和教学梯队的建设，深化学科理论的研究，营造浓厚的学术氛围，使得商务英语学科具有更强的生命力。

二、商务英语人才培养目标的定位

（一）应用型人才

高校分类为人才培养定位提供了重要的参照。通过高校的分类来指导办学定位，不仅能够对高校自身的管理行为加以规范和约束，而且能够及时对高校办学过程中存在的失误加以纠正，进而避免教育资源的配置针对性差、有效性低等问题的出现。商务英语专业的办学主体首先应该确定自己所在高校属于何种类型，承担着什么样的职能，这样才可以找准目标、集中优势，充分发挥自己的职能。

按照高校职能与未来培养的人才能力划分，可以分成创新型、研究型、研究应用型、应用研究型、应用型、职业型等6个类型层次。学校职能特征与未来人才能力特征相一致，这些分类既反映不同类型层次学校的职能特征，又反映主要未来化人才的能力特征。

如今，随着我国经济的飞速发展，开始有大量的企业转变了自身的经营模式，逐渐从劳动密集型企业向高科技型企业进行转变，所以，迫切需要培养一些具备独立解决实际问题能力的本科应用型人才。在这种形势下，商务英语专业需要摆脱传统本科教育注重学术教育的单一人才培养模式，加大应用型人才的培养力度。

《高等学校商务英语专业本科教学要求（试行）》（以下称《教学要求》）提出商务英语本科专业的培养目标是"培养具有扎实的英语基本功、宽阔的国际化视野、合理的国际商务知识与技能，掌握经济、管理和法学等相关学科的基本知识和理论，具备较高的人文素养和跨文化交际与沟通能力，能在国际环境中用英语从事商务、经贸、管理、金融、外事等工作的复合型英语人才"。

如今，我国开设商务英语专业的本科院校有64所，除对外经济贸易大学以外，其余均为地方性高校，而且多数院校归类于应用研究型或应用型大学，加上各类职业大学，我国开设商务英语专业的大专院校共有2 000多所。尽管对外经济贸易大学是一所教育部直属院校，但是该校并未把自己定位于研究型大学，而是把自己定位于研究教学型大学，因此其人才培养目标包括研究型和应用型两类人才。各地方高校多为应用研究型或应用型，除了少数毕业生继续深造，成为研究型人才外，主要人才类型为具有较高专业素养和就业能力的应用型人才。很显然，各个院校的职能划分和《教学要求》表明，"应用型"是商务英语专业人才的首要特征，是人才培养工作的首要目标。

（二）具有特色的复合型人才

1. 复合——英语专业的出路

商务英语专业的产生也是基于原有英语语言文学专业在社会发展过程中表现出的"不适应"而对英语人才培养目标做出调整的结果。对于我国社会经济新发展对人才的需求，英语专业的"不适应"一般体现在以下五个方面：不适应思想观念；不适应课程设置和教学内容；不适应教学管理；不适应人才培养方式；不适应学生知识结构、能力和素质。这五个"不适应"的根本原因在于人才培养工作与社会需求的脱节。中国社科院发布的《2015年中国大学生就业报告》将英语专业列为"红牌"专业。传统的英语教育在面对社会新需求时必须对单一的语言文学人才培养方式做出调整。外语专业复合型人才的培养意见是在总结了单型高校外语专业教学近年来存在的问题的基础上提出来的。

英语语言与商务的结合不仅促进了新型人才的出现，而且对英语和商务两种社会活动领域的未来发展都具有较大的促进作用。同时，国际商务活动属于一种跨文化的语言交际活动，这恰恰也给外国语言的研究和教学提供了丰厚土壤。

2. 特色——适应市场的选择

复合是人才培养的趋势，但并不能构成人才的特色。一般而言，特色专业具有人无我有、人有我优、人优我新等特征。在确定复合型商务人才的目标时还需要注意的是学生的语言能力应该与哪些具体的商务知识和商务能力相结合，如何满足社会的"复合"要求，英语语言课程需要与哪种商务类课程相结合，两种学科各自的课程比例应该如何确定，商务类课程与语言类课程将以何种形式进行有机的融合等问题。同时还应该考虑由于目标过于分散而致使两种能力都不能达到预期目标的可能。这些问题和担忧的解决过程亦即专业特色的形成过程。

商务英语专业是语言与商务相结合所产生的专业，相对于英语专业来说，具有了一定的特色，可是，当今社会对人才的需求呈现出的综合趋势使得复合人才的培养成为潮流，英语+商务特色将很快成为一种基本要求，而不再突出。首先，英语语言与商务学科交叉并非英语学科所特有的下属学科。经济类学科和管理类学科都在复合式人才培养方面下功夫。它们都在强化本学科与英语语言的结合，在人才培养中也在制定相应的复合式战略目标与培养策略。市场需要的是复合型人才，并不会计较人才毕业于哪个专业。真正起决定性作用的是人才的质量。其次，随着商务英语学科的发展与壮大，开办商务英语专业的院校越来越多。在商务英语学科内部，也会出现各学校人才间的互相竞争。如果没有自己的特色优势，商务英语本身那种"与生俱来"的特色优势也会很快消磨殆尽。商务英语专业要想真正保持自己的特色就需要建设自己本身的专业特色。

商务英语的内涵非常丰富，没有一所院校的培养目标能够涵盖所有国际商务活动所涉及的职业需求。这种现状也为各院校商务英语特色人才培养创造了机会。

例如，对外经济贸易大学以自己严格的英语语言训练、经济贸易学科的高层次理论和实践教学塑造学生优秀的语言能力和商务实践管理能力。其商务英语专业毕业生中一部分具有较强研究能力的成员会通过更高学位的研读继续从事相关领域的研究工作，其余毕业生能够胜任绝大多数高层次商务活动的翻译、谈判和企业管理工作。这样的人才培养定位与竞争对手在生态位上形成了鲜明的分离。地方应用型院校的商务英语专业可以从自己的学科优势出发，结合学生的优势和地方经济特点确定自己的"生态位"。

值得一提的是，广东外语外贸大学依托自己深厚的语言教学实力和多年来的商务专业优势，为商务英语专业设定了"国际通用型商务人才"的培养目标。全英教学手段是该专业人才特色的保障。学生的语言与商务形成了有机的结合。其特色体现在先进的国际通用原版教材、涵盖英语主干课程和跨文化商务交际课程的全英教学和学院创造的大量的目标语浸泡环境。学生在相关学科认知、跨文化意识与能力以及商务环境中运用英语的能力显示出比其他院校高出许多的优势，在就业市场有较强的竞争力。2014年、2015年、2016年连续3年就业率为100%，在就业去向和就业区域分布上也呈现出比较高端的趋势。

（三）国际化人才

1. 商务英语国际化人才培养目标

商务英语专业在全国范围内教育国际化的步伐迈得最大、最为突出，其人才培养目标充分体现了我国高等教育人才培养国际化的目标。这说明商务英语专业在我国高校国际化方面已经占据领先地位。商务英语专业毕业生的国际化能力是一种不同于普通大学生能力的就业竞争力，它是在一般能力基础上加以提炼和提升所形成的独有能力，是支撑学生过去、现在和将来的竞争优势能力，突出表现在经济全球化形势下的就业优势和可持续发展能力。由此可见，"国际化"是国际商务专业人才的就业核心竞争力的主要组成部分。

2. 商务英语人才国际化的重要性

当今世界知识经济加速发展，世界经济发展的动力已由物质资源转为人力资本，而且促进国家国际竞争力提升的人才首先必须是国际化人才。

商务英语专业学生是将要参与我国对外贸易和各种涉外商务活动的未来人才。他们未来的工作内容、工作性质和工作环境决定了他们的国际化属性。商务英语人才国际化的重要性体现在三个层面：①决策层面。全球化进程和日新月异的科技进步使得国际商务环境越发复杂，越发需要高瞻远瞩的战略眼光。只有具备了国际视野和国际化思维，才能够站在全球化的角度，以更全面、更前瞻的眼光看待和思考问题，制订出科学合理的国际商务策略，实现商务目的。②操作层面。具体的业务操作离不开贸易规则。任何一个商务活动细节都需要遵守特定的贸易规则。作为WTO的成员国，中国对外贸易和其他国际商务活动必须要遵守其各项贸易规则。作为国际商务从业人员，精通贸易规则是最基本的要求，这既能够保证业务的顺利进行，又能防止自己的利益受到损害。当然，贸易规则不可能约束所有的商务活动，各国的文化传统不同、习惯做法各异，有时甚至会有很大的冲突。如果不熟悉国外的商业习惯和特定国家的规则，不但达不到目的，有时甚至会给自己带来巨大的经济损失。在具体业务的操作过程中，每一个细节都体现着从业人员的国际商务操作能力和国际事务处理能力。③交际层面。国际商务活动本质上是一种跨文化活动。在跨文化交际中，人们往往倾向于借助母语规则、交际习惯、文化背景及思维方式来表达思想。这就是民族中心意识。民族中心意识不利于国际商务活动的顺利开展。在对学生的专业教育中融入跨文化交际能力培养可以帮助学生克服民族中心意识，跨越障碍，将跨文化交际中的问题减到最少。可以说，人才国际化的一个重要内涵就是跨文化交际能力的形成。

3.国际化商务英语人才的构成要素

结合理论研究和商务英语教学实际情况，国际化人才的培养主要包含三部分内容，即国际化意识、国际化知识和国际化思维。

国际化意识是指导人们正确处理跨文化交际活动的决定性因素。

在国际化知识方面，商务英语专业的学生除了要掌握英语语言知识和国际商务知识以外，还需要了解更多国际方面的知识，比如国际时事与政治、本民族在国际社会中的地位与作用、世界发展历史与趋势、东西方文化对比知识、各国宗教知识，等等。此外，"国际人"还必须掌握一定的世界地理知识。所有这些知识均有助于从业者了解世界、走向世界，增进他们与世界各地贸易伙伴的沟通与了解。

要想在国际竞争中获得胜利，国际化思维是前提，跨文化交际能力是基础，创新是关键，也就是说未来的国际化商务人才需要以国际化思维为行动指导，运用自己的学习能力、信息处理能力以及耐受挫折能力，不断创新经营方式，拓展经营领域，为行业的发展和进步做出贡献，实现自身、企业和国家的多重发展目标。

（四）创新型人才

社会上各个行业的发展需求大不相同，并且也不能在创新型人才这一问题上达成一致意见，然而，人们对创新人才的性质认识是一致的，即创新型人才要具备创新意识、品质与能力。

多年来，英语语言的工具性在英语教育中逐渐根深蒂固，其结果是教学过程过于注重语言知识和语言技能的训练，致使英语专业学生的能力缺陷非常突出，那就是缺乏独立思考的能力，不易产生独到的见解。这样培养出来的人才缺乏个性和灵活性，很难适应新形势下的社会需求。令人感到失望的是，商务英语专业设立以来，不少高校仍然采用英语专业传统的教学思路，注重英语语言知识和商科专业知识的学习，而忽略了学生解决实际问题的能力训练。商务活动最大的特点就是它的"复杂性"，在复杂多变的商务领域，从业人员的创新能力显得尤为可贵，因为这种能力可以帮助他们应对各种不可预测的复杂问题。

创新体现在"新"字上。"新"意味着不同，就是与旧的、传统的思维或方法的不同。在某种程度上，创新型人才的培养就是强调人的个性发展。在学制、课程设置、教学活动设计、教学评价体系设计中应该保证创造宽松的、自由的、追求真理的学习环境和学习氛围，只有在有利于创新的制度下，学生才可以使自己的个性得以发挥。归根结底，办学主体在商务英语人才培养方案的制订中一定要融入创新能力的培养理念。

（五）地方性人才

1. 地方性商务英语人才特征

在制定人才培养目标时，地方特色的体现也是人才区别于其他院校的有力证明。可以从三个方面突出人才的地方性：①面向地方经济。与部属高校相比，地方高校更接近经济发展一线地带，是面向地方的人才输出主体，这是因为它的质量越高，就越能实现经济发展的各项目标。经济全球化影响着我国各个角落，地方经济的发展越来越离不开国际商务活动。地方需要成为商务英语人才主要的市场所在。作为一个有着巨大市场需求的办学主体，设立商务英语专业的地方高校要有效履行自身社会责任，确保人才适应地方经济发展需要。要从根本上使人才培养现状得到改变，那么对于地方高校而言，就必须对地方的有关经济社会发展的长远规划有科学的认识和把握，在人才培养方面与地方经济发展同步。②依托地方经济优势。首先，因为地方高校对地方社会资源具有绝对的独占性，因此，依托区域资源开展专业建设，既体现地方高校的本质属性，又有别于重点大学，彻底改变"千校一面""人云亦云"的专业建设状况，也只有根据学校的办学条件与所在地区经济的优势，才能培养出其他院校所不能匹敌的、适应本地经济需要的商务人才。其次，地方优势产业的发展必然会聚集一大批优秀的行业经营管理人才。这无疑是可贵的教育资源。③服务地方企业。地方企业是地方经济发展的主要推动力，决定着地方经济的发达程度。科技和人才是一个行业前进和发展的源泉,因此人才的培养主要应服务于当地企业的需要,在定位方面就应考虑当地行业的特点。如河北省秦皇岛是一个外向型经济较发达的城市,当地可以培养偏向国际会展、国际合作方向的商务英语人才。内陆地区外向型经济还不太发达,可以突出本地需要来培养人才,比如招商引资方面、本地土特产出口方面、当地特色旅游方面的商务英语人才。

2. 人才培养国际化与区域化

如今,随着世界经济的迅猛发展,逐渐呈现出了经济全球化和区域化的发展趋势。经济全球化与区域化既是空间的两极,是整体与局部的关系;也是时间的两端,是未来和现在的关系。这种趋势反映在高等教育领域中就是人才培养国际化与区域化同时并存。今天为地方经济服务的人才将是未来参与国际经济活动的国际化人才。人才培养的国际化是为了让学生形成国际化视野,以便更好地参与到全球化进程中去;而人才培养的区域化是为了培养学生为本国、本地区经济发展服务的能力。教育的国际化与区域化是远景与现实的关系。商务英语人才是将要参与国际商务活动的人才,但是,离开了地方经济的发展与繁荣,国际化商务活动就无从谈起,国际化人才也将面临无用武之地的尴尬处境。教育实践证明,区域化是不可回避的话题,服务于地方经济是商务英语人才的立足点。

目前,我国人才培养的国际化与区域化呈现出既矛盾又统一的关系。经济发展落后地区急需大量区域化人才以满足区域经济建设的需要,而对于国际化人才的需求似乎不太迫切,与此同时,教育资源的不足也阻碍了国际化人才目标的实现。对于各个地区来说,由于具有不同的自然条件和经济基础,在高等教育的资金投入、规模等方面也存在着较为明显的差异,所以在一些地区,人才培养的国际化与区域化似乎无法统一起来。

然而,不能否认的是国际化人才培养的需求可以在一定程度上促进我国地方院校商务英语教育的发展。派遣留学生和学者互访、参与国际会议和学术交流以及合作办学等都可以提升所培养人才的国际视野。具有国际化视野的人才是帮助地方经济实现飞跃的原动力。地方经济的发展会进一步推动高校在培养人才方面的综合能力。

3. 商务英语专业人才培养与地方经济发展

在我国,对于地方高校而言,其人才培养的目的是服务于地方的经济建设。区域产业结构是社会劳动分工的具体体现。

目前,我国开设商务英语专业的本科院校多数都是归属地方管理的应用研究型或应用型大学。如今许多涉外企业在英语人才方面存在缺口，而一些毕业生却找不到理想的职业。要想对上述问题加以改变，那么地方高校就必须认真反思人才培养的定位。

（六）通才+专才型人才

通才教育重视知识的综合性和广泛性，注重理智的培养和情感的陶冶；而专才教育比较注重学生实际工作能力的培养。专才教育专业划分详细，重理论学习和基础知识，培养的人才短期内具有不可替代性。但两种培养模式都各自有着不容忽视的缺陷。通才教育模式下人才往往由于涉猎过分广博，学科的深入发展受到影响，以至于专业知识欠缺，无法迅速胜任工作；但专才教育模式片面强调职业教育，从而使学生的知识面变得十分狭窄，对后期发展产生了不利影响。

专才与通才不应对立起来，专才教育不是对通才教育的否定。商务英语人才的培养正面临着复杂的人才需求环境。国际商务活动涉及不同国家的政治、经济、文化、宗教、哲学等多个领域，需要从业人员不仅具有扎实的商务专业知识、熟练的商务技能，还要具有综合的人文素质来应对这种复杂的从业环境。多数涉外企业对于人才的需求中明确提出了"具有较高的人文素质"这样的要求。较高的人文素养也是构成国际化人才的必要素质。没有宽广的知识面也不可能形成国际化的思维方式和国际化视野。这些内外因素决定了商务英语的人才培养方案中必须考虑通才教育与专才教育的结合。在人才培养方案的制订中，可以通过科学设计课程和教学体系，体现专才与通才培养相结合的教育理念。

第三节 当代商务英语的人才培养模式

一、商务英语人才培养模式存在的问题

在人才培养工作方面，多数院校并没有根据不同定位来设计与之相适应的人才培养模式，这是因为整体教学理念和教学活动还没有摆脱英语语言文学教学的旧模式，可谓"穿新鞋，走老路"，培养模式与培养目标严重不匹配。目前许多用人单位对商务英语专业毕业生的反馈意见并不令人乐观。现行商务英语人才培养模式的问题主要存在于培养路径、课程设置、教学体系和人才培养评价体系几个方面。

（一）培养路径不科学

要达到目标，必须通过一定的路径，人才培养也是如此。整体来看，除了广东外语外贸大学和对外经济贸易大学商务英语专业以外，全国各高校商务英语专业的人才培养一般有以下两种路径。

1. 英语 + 商务知识

在传统的英语课程中，添加少量商务知识，从而使学生能够从中学习到相对片面的商务知识。虽然学生能够了解一些国际商务概念和术语，不过，他们并没有架构起商务方面的知识体系，商务实际操作能力也不强。

2. 通用英语 + 商务英语

这种路径把教学重点放在了通用英语语言知识和技能学习方面，在语言和商务两种能力的衔接上出现了断裂，前期的通用语言课程不能支持后期陡然增加的语言陌生度和难度。

（二）课程设置不够完善

尽管《高等学校商务英语专业本科教学要求（试行）》为商务英语专业设计了涵盖语言知识与技能课程群、商务知识与技能课程群和人文素养课程群三大课程模块的课程体系。然而，在具体实施过程中，许多院校教的课程设置还不能够达到要求，主要体现在以下五个方面。

1. 实践课程太少

多数商务英语专业的课程设置都对实践课程采取了边缘化的做法。一方面，这是由于对实践课程的不重视造成的，另一方面，缺乏实践平台也使得许多院校不得不放弃实践课的开展。

2. 师资力量不足

由于缺乏充足的商务英语师资力量，只有少数专业课程可以进行英语或双语授课，许多商务课程不能采用英语授课，也由于缺乏精通商务的语言教师，商务英语课程的讲授方式也局限在语言知识和技能的训练上。这些做法割裂了语言与商务有机融合的纽带。

3. 缺乏过渡性课程

学习的过程是渐进的、有层次的。由于忙于学习具有较深程度的专业知识，所以学生降低了对语言的关注程度，从而对商务和语言的融合起到了不利影响。

4. 通识课程不够全面

人文素质主要指一个人在广博的人文知识基础上能够灵活运用知识、积极思考、正确看待问题，具有运用各种综合知识解决实际工作中的问题的创新意识和能力素质。各学校开设的选修课是通识教育的主要阵地。不过从整体情况来看，人文教育课程的开设数量不足。如果不能全面了解中西方的社会文化，那么对于学生而言，其人文素养就难以提升。

5. 通用英语课设置量过大

就目前我国高中和大学英语教育现状来说，存在着重复现象。近些年高中阶段的英语学习已经使多数学生获得了进一步进行专业英语学习的知识储备和能力。可是进入大学阶段后，根据学校的课程安排，学生仍然会在英语语言基础知识和技能训练方面投入大量的精力，这不仅造成资源和精力的浪费，还会使学生产生厌倦情绪，失去学习的兴趣和动力。

（三）教学体系比较落后

一般而言，教学体系一般存在以下五个方面的问题：教学方法落后；教材缺乏科学性；教师素质有待提高；缺乏实践教学平台；课程考核体系不科学。

1. 教学方法落后

由于传统教学方法的长期影响以及传统文化的影响，学生个性较内敛、缺乏创新的意识，导致课堂活动不能体现以学生为中心的教学理念。虽然一些教师会时常组织一些课堂活动，但是在整个教学系统中，这种与传统形式截然不同的教学方式还未深入人心，同时由于没有配套的评价体系，许多教师没有勇气进行颠覆性的教学方法改革。由此可见，大部分的商务英语教师都亟须改革教学方法。

2. 教材缺乏科学性

目前，全国范围内并未出现业内一致认同的商务英语教材。教材普遍缺乏层次性、综合性和实用性。比如，学生三年级和四年级偏重商务内容的学习，教材一般偏重商务知识的介绍而忽略学生英语听、说、读、写、译各种技能的训练。而英语语言能力的培养需要持续不断的训练才能保持在较高的水平，使用缺乏综合性的教材会妨碍学生英语和商务复合能力的培养。教材中内容主观随意性大的问题也很突出，有些教材选用国外的文献材料，然而内容却东拼西凑，目的不明确，前后缺乏有机的联系，学生很难通过学习这些教材提高应用能力。

3. 教师的素质有待提高

由于财力有限，各院校很少为专业能力较低的教师提供专业进修、专业实践的机会，教师只能凭借业余时间的自学来补充商务知识，因此其知识结构缺乏系统性。不少院校的商务英语专业还会聘请商务学科的专业教师来讲授专业课程，但是这些教师的英语授课能力有限，不能满足英语与商务的结合教学。这些现实使得英语语言和商务学科教学缺乏有机的结合，呈现割裂的状态。如果情况得不到改善，商务英语教学效果会受到巨大影响，进而影响整个学科的未来发展。

4. 缺乏实践教学平台

实践教学需要教学管理部门为之搭建平台。工学结合是目前最为适当的方式，但是对于我国的大部分地区而言，工学结合的实践教学开展得并不是十分顺利，其中主要还是企业的原因。由于考虑到自身的利益，企业在校企合作关系的建立方面，一般没有学校表现得那般热情。目前，全国普遍存在的一个问题就是企业积极性不高的问题。

5. 课程考核体系不科学

要想能够更好地培养商务英语专业的应用型人才，课程考核是非常重要的组成部分。课程考核不仅能够检验教学效果，而且还能够在一定程度上检验学生的学习情况。

商务英语教学评价体系目前主要存在以下两个方面的问题：①评价方式方法简单。目前对商务英语教学评价的方法主要是期末测试结合课堂考勤。学生成绩合格的判定主要是期末考试成绩合格，同时课堂出勤率也合格。只有运用多种测试方法才能多角度考查学生知识与能力的结合程度，更全面引导教学的改革。②测试构卷不科学。目前商务英语测试比较突出的问题还体现在测试内容上，其主要表现是试卷命题随意性较大，这在一定程度上往往会造成人才培养规格的混乱，从而使社会严重质疑商务英语的人才质量，甚至影响专业的未来发展。

（四）缺乏人才培养评价体系

目前，我国对大学的评价过于注重量化纯研究成果，从而严重忽视了人才培养的评价，后来出现一些将人才培养纳入在内的评价体系，如广东管理科学院的武书连等三位学者所作的大学研究与发展评价。到目前为止，它在中国影响最大，也最具权威性。对于以应用人才培养为主要目标的商务英语专业来说,有必要在人才培养模式构建过程中纳入一个能够综合评价学校人才培养效果的评价体系,既能够对人才培养形成一定的监督和促进作用,也能够帮助学校摆脱仅仅依靠科研成果和高学位人才数量进行教育质量评价的束缚和阴影。

二、商务英语人才培养模式的改革

对于商务英语的人才培养模式来说,一般都要体现重视应用能力、创新能力、人文素质的国际化的人才培养目标,从根本上突破当前模式僵硬化的困局。要想优化人才成长的文化环境,必须改革人才培养的路径和评价体系,只有这样,学生才能够实现全面、协调发展。

(一)商务英语人才培养路径的选择

人才培养目标决定培养路径。要实现真正复合培养,需要通过彻底的复合型路径。我们可以通过两种方式让复合培养更加贴近目标的实现。第一种路径,商务英语专业式。这种方式强调英语和专业自始至终的统一,除全校通修课以外,其余课程采用全英语授课。一年级开始就把基础阶段的英语语言知识和技能同商务学科的基础课内容相结合,形成语言学习专业化的教学模式,为更系统的专业知识学习奠定语言基础。二、三年级的语言学习和商务知识学习逐渐加深,形成语言和专业学习的一体化。从三年级开始,学生通过自由选择,挑选自己感兴趣和擅长的某个商务领域的专业方向学习(英语授课),避免学生商务知识过于泛化和缺乏针对性的现象。第二种路径,双学位式。在修读商务英语专业所规定的课程时,根据本校对于第二学位修读课程的规定,修读完另外一个经济类或管理类专业所规定的所有课程后,获得英语语言文学学士学位和经济学或管理学学士学位。

这两种路径都能够达到双学科知识体系的融合,也就是把英语语言和商务学科的课程体系融于一体,让学生在两个学科内尽可能深入地学习系统的专业知识与技能,获得该知识体系的思维方式。这样的学科交叉型人才在市场竞争中更加具有优势。

(二)优化商务英语专业的课程设置

1. 课程设置实例分析

以下是北方某综合院校的商务英语专业和南方某财经类大学商务英语专业的商务英语人才培养模式课程设置方案。我们可以通过分析、对比两种课程设置的内容,发现它们各自的优缺点,可以为改进课程设置提出建设性意见。

（1）A 校（北方某综合性大学）商务英语专业课程设置

该校课堂教学总学分为 142 学分，实践环节 10 学分，第二课堂不少于 10 学分。课堂教学中通识课模块（全校通修课、学科通修课、文科数学、第二外语、军训及军事理论、开放选修课程）共 62 学分；通用英语课模块（综合英语、听力、交际、写作、翻译）为 44 学分；商务英语课程模块为 8 学分；商务课程模块（商务基础课、商务专业课）为 13 学分，专业选修课为 15 学分。

（2）B 校（南方某财经大学）商务英语专业课程设置

为了适应复合型人才培养目标，B 校于 2013 年对商务英语专业课程设置做了一定的调整，加大了商务课程的英语授课力度。在基础阶段的英语课程里增加了商务内容。

通过比较，可以看出两所高校商务英语专业呈现出不同的办学理念、办学特点和倾向。在商务英语语言知识与技能训练的必修课中，A 校对商务语言能力没有给予应有的重视。而综合英语课程很多，持续 4 个学期，着重训练学生的综合语言能力，不仅设置了综合英语 1、2、3、4，还有听力、高级英语、英汉互译等英语语言文学专业学生必修的英语知识与技能课程。这说明 A 校在英语语言文学的教学方面是很有经验的，但商务英语课程较少，也没有将其放在重要地位。比如商务英语写作放在了第五学期的选修课一栏，商务英语口译课也放在了专业选修课一栏中，并且开在第六学期，商务沟通（谈判）课程则采用了汉语授课。这样一来，对语言能力的基础训练阶段就缺少了很多商务内容，与高年级的商务专业学科课程也不能实现语言上的对接。相比之下，B 校设置了相对较多的商务英语课程，比如国际商务沟通课（英语讲授）、商务英语听说、口译、商务英语写作。但是在英语语言能力总量上，缺乏商务语言的综合能力训练。学生的语言能力相对较弱，不能支撑高年级利用英语进行商务专业学科知识的学习活动。显然，两校的课程设置在语言和商务专业的融合方面，都有自己的长处，但也都呈现出很多不足。

在商务专业课程方面，A 校比较注重学生扎实的商务知识的学习与吸收，但是英语授课比例明显偏低，这会在高年级的语言训练阶段形成一些空白。B 校的英语授课比例非常高，这是与复合型人才培养的目标相适应的。但是，除了国际金融、国际支付与结算以及国际贸易实务以外，更多的专业课学习都纳入了选修课程范围，比如经济学原理、货币金融学、金融实务、人力资源管理等。商务类课程也并没有形成体系，尽管学生商务专业课程选修有较大的自由空间，课堂语言也使用英语，但在专业知识学习的系统性上会有所欠缺。

从实践课程的设置来看，两校都缺乏充足的专业实践活动。A 校总共只有 10 个学分分配给了实践，这里面还包括毕业论文、毕业实习。这在学生实践能力培养方面几乎起不到任何实质性的作用。B校在实践课上多分配了4个学分，而且让商务实践涵盖了大学4年8个学期的全部时间。不过仔细分析，这8个学期的实践并没有做出具体的课时安排，包括周课时数与总课时数。其中，需要深入企业进行的商务实践课只占2个学分。可以看出，商务实践并没有真正成为B校商务英语课程设置与教学的重要组成部分。

从人文素质课程的设置来看，两个院校都还不算全面。全校通修课和自由选修课是各校培养学生人文素养的主要阵地。两所院校尽管在全校通修课程方面有马克思主义原理、毛泽东思想概论、法律基础、思想品德、体育等全校通识课程，自由选修课也设置了诸如文学鉴赏、影视欣赏、音乐欣赏等课程，但是，培养国际化创新型人才所需要的拓展国际视野和创新思维的课程比较欠缺，需要补充，这是课程改革的一个方向。

2. 课程设置改革建议

A、B两个院校的课程设置情况反映了全国范围内多数院校商务英语专业的课程设置问题。整体上讲，各院校的课程设置都不能满足社会对具有国际化视野较高人文素养和创新精神的复合型人才的需求，应该从以下几个方面对课程设置进行改进。

（1）语言训练结合专业学习

对于基础阶段的语言训练课程来说，不宜采取模块化的方式把语言和商务割裂。应该在前4个学期设置连续的基础商务英语课程，替换之前的单纯训练语言能力的综合英语课程，把单纯的语言能力训练成为以商务知识学习为目的的语言训练。这个阶段的商务知识应该涵盖经济学的基础知识，并且要保证逐级增加难度。

（2）增加专业选修课数量

为了适应学生自身需求的多样化和人才市场对人才需求的多样化，商务类专业课程设置应跳出以国际贸易学科为主的圈子，增加更多以英语或英汉双语为授课语言的相关学科课程，并且能够成体系地进行安排，以便于学生可以根据自己擅长和喜欢的方向选择专业系列课程，比如与国际贸易专业相关的系列课程，从而为学生深入学习某个商务领域的知识提供条件。这是培养个性化人才的必要条件之一。

（3）丰富全校通修课内容

全校通修课和选修课是对学生进行通识教育的最佳阵地。全校通修课和全校自由选修课程群也应该设立旨在培养学生国际化视野和人文素质的课程，比如世界经济形势和政治形势分析等课程，可以让学生形成国际化的思维习惯。国际化特色并非只有通过专门设课才能完成,在课程的内容选择上,应该尽量加入国际化内容。比如,在教材选用和补充材料的提供方面,应该选取以当今国际热门话题为题材的教学材料。一个人的人文素养的提高离不开他对人类文明成果的了解,学校的通修课模块或选修课模块中应设立一些对东西方文化介绍比较全面和深入的课程,比如设置一些西方哲学思想、东方传统文化思想、东西方文化对比之类的课程。

（4）增加实践课时量

实践课程的缺乏使得学生没有面对问题和解决问题的机会,也就谈不上创新精神和创新能力的培养。有以下两种实践方式:①可以把实践课程分配到每一门专业课程的课时之中。②专门设置更多的实践课课程。为了保证实践课的良好效果,要注意选择与本地的涉外企业进行合作。

（三）改善教学及其运行管理体系

商务英语专业教学及运行体系改革主要应该从以下六个方面进行。

1. 建设实践教学平台

学生实践能力的培养最常见的做法是"工学结合法"。这种方法最早在英国出现。如今,我国商务英语的实践教学在"工学结合"人才培养理念的影响下,主要呈现为以下几个形式:①商务场景模拟实训。通过网络信息技术我们就可以模拟各种商务活动的场景,学生能够积极适应,从而逐渐收获实践经验,另外,学生可以利用软件系统的评价,反思并改进自己的技能。②组织学生到公司实习。③安排学生"顶岗实习"。

为了能够增加企业在"工学结合"方面的积极性,学校有责任向政府部门提出申请,争取得到政府部门的政策支持。这里面涉及学校的有两个任务:"校企合作"办学关系的建立和学制设置的改革。

第一个任务,"校企合作"办学关系的建立。目前商务英语专业实践课程的最大难题是现实与理想的矛盾。许多高校为学生设计的实践课程内容多为参观企业的经营活动或为企业做一些简单的工作。学校一般会在短短一周时间内,把大批学生集中到某一家企业进行实习。这不仅不能为学生提供适当的岗位,而且妨碍了企业的正常工作,使校企之间产生根本的利益冲突。在追求利润最大化的今天,企业已经不肯花费时间与精力来应对来自学校的实习人员。

真正的"校企合作"是能够为校企双方带来利益的双赢关系。作为培养人才的主办方,高校应主动出击,同涉外企业达成合作协议并制订合作章程,规定双方的权利与义务，让合作双方都能够从中受益。学校能够为企业提供的服务包括英语语言能力、生产管理、财务管理、市场分析与营销等方面的员工培训以及相关领域的理论指导，等等。同时，学校在实习内容、实习时间等方面的安排要尊重企业的管理规定，使学生的实习活动能够为企业带来一定的经济效益。作为校企合作办学的协办方，涉外企业能够从合作中得到很大的收益，自然对来自学校的实习人员持欢迎态度。他们的义务只有一项，那就是为学生提供全方位的实习机会与实习指导。

第二个任务，学制设置的改革。实践教学时间的增加自然会在一定程度上减少学生的理论学习课时，从而对学习书本知识产生相应的影响。学分制的设置使得延长学时成为可能，不过在我国由于目前条件尚不成熟，这种学分制并非属于完全学分制，在学制时长、毕业时间上并未完全放开，为实践课程而延长学时的做法还没有先例。我国高校应尽快进行相应的改革。

目前，把暑假安排进教学计划是比较现实的改革方案。每年长达两个月的实习活动对于企业来说已不再是一种"骚扰"，而是一种人力资源的补充。校企双方均能从中受益：企业得到了具有专业理论素质的员工，同时降低了成本；学校为学生提供了良好的实践机会。

2. 改进语言教材内容

科学系统的教材可以为教学提供条件，确保学生循序渐进地获取语言+商务式的知识体系建构。在现阶段还没有出现理想的、适合培养目标的教材之前，各学院可以在基础阶段把综合英语和一些培训国际商务从业人员的商务英语书籍结合起来使用。同时，应该呼吁教材出版单位尽快组织教材专家进行商务英语教材的编写。编写人员应该本着"实用性、层次性、综合性和灵活多样性"的原则，根据《高等学校商务英语专业本科教学要求（试行）》的人才培养要求和教学指导，根据语言学理论、教学理论结合商务学科的知识体系来选择素材用以编写商务英语语言教材。

3. 改进课程考核体系

应该从三个角度对课程考核体系进行改进：①评价标准多样化。改变以卷面成绩为主要评价标准的现状，把平时课堂表现和校内校外实训、实践课程的表现作为重要组成部分纳入考试成绩。②考试形式多样化，除了笔试答卷外，还应该把撰写论文、讨论发言、课堂演讲等各种形式纳入考试形式。③规范试卷内容。构建每一门课程的试题库，从学生知识构建角度和知识认知规律出发设计试卷内容、统一命题、科学管理。

4. 培养双师型教师素质

大部分的学生都希望自己的教师既具有丰富的商务学科知识和从业经验,又能够结合英语语言给学生提供商英一体的学科知识体系,并能够培养他们的商务实践能力。教师的素质关系着商务英语专业在就业市场的认可度。"双师型"教师是商务英语专业教师必须具有的资格。目前国际商务英语教师可分为三个层次：初级（从语言或文学专业转过来并热爱国际商务的英语教师）、中级（英语教师＋中层商务主管经历＋国际商务师或相当资质）和高级（英语教师＋高层商务主管经历＋高级国际商务师或相当资质）。为了加强"双师型"队伍建设,商务英语教师应该不断学习,自我提高,保证自己的知识体系与现实社会保持一致。高校商务英语专业的管理者也应该尽力为教师提供专业进修和业务实践的机会,还可以把外企、涉外企业中具有丰富工作经验并热爱教书育人的专业人士请进学校,确保教师队伍的素质。

5. 采用先进的教学方法和手段

要体现以学习者为中心的教学思想,必须从课堂教学方法和手段入手,在教学活动的设计过程中,追求教学内容和教学方法与学习者学习目的和需求的和谐与统一。以学生为中心的交际法和 ESP 相互关系密切而被普遍运用于 ESP 教学中,并且被认为是行之有效的教学法。在我国 30 年的商务英语教学实践中,教育工作者探索了许多行之有效的教学方法,帮助学生创造贴近真实商务语境的教学环境,其目的是让学生在课堂的环境中体验商务实践氛围。这其中最具效力的有案例教学法、任务教学法和情景教学法等。

20 世纪 80 年代,案例教学法才引入我国,随后逐渐在一些应用性、实践性较强的领域被广泛应用起来。

任务教学法是指师生在课堂教学中共同完成某项任务,学生因此能够更好地学习语言,与此同时,对学生学习外语也起到了促进作用。有学者基于以上实施任务模式及商务英语的特点建立了一个任务实施模式用以发展学生的商务英语口语。

情景教学法是由美国心理学家茨霍恩等人首先提出来的。20 世纪 60 年代英国的外语教学大都采取情景教学法。情景教学法适合应用性强的课程,或是被教师用以模拟难以用语言或理论阐述来教授的技能。这种教学法主要采用情景模拟的手段营造逼真的工作环境,编制一套与某个将来要担任的职务情况相似的测试项目,要求学习者处理可能出现的各种问题。情景教学法的核心特征是通过模拟情景锻炼学生的应用能力,即通过让学生扮演某个个体或群体中的某个角色,在事先设置的情景中参与事务的发展过程,并体验事务的发展规律与特征，获取相应的知识和技能，提高动手操作能力。

在教学手段方面，现代化的科技手段为商务英语教学提供了多种辅助手段。商务英语课堂教学应该充分利用多媒体、网络化的教学环境为学生提供多种知识建构形式。在课堂之外，学生能够通过浏览电子图书，观看国外电视、书籍、商务新闻，参与网络公开课、网络课堂来大力拓展商务知识面，获取商务技能。这些多样性、趣味性的教学手段也能够激发学生的学习兴趣，增强学习效果。

6. 树立基于学生的教学理念

教学活动不仅要注重输出语言，而且要注重培养语言交际能力。对于教师而言，其任务是输出充足的语言材料，从而能够使学生进行交际活动。学生的任务是在教师指导下完成语言材料的输入，令其和自身已有的知识架构进行对接和融合，最后通过语言输出完成教师指定的语言训练任务。这样，课堂教学的师生角色就很清楚了，学生是教学的主体，教师并非教学活动的中心，而只是教学活动的指导者。师生间事实上是一种合作的关系，课堂教学要突出学生的主体地位。

（四）构建科学的人才培养评价体系

1. 社会对人才培养质量的评价

在建立商务英语人才培养质量评价体系的过程中，除了评价方案的设计，同样重要的是建设教育评估的专家队伍。

2. 毕业生对人才培养质量的评价

在市场经济条件下，大学可以被看作一个投入—产出系统，一般而言，教育消费者包括学生与社会这两个部分。在市场经济概念完善与成熟的阶段，人们正在强化"消费者至上"的意识。作为消费者，学生应该从以下几个方面评价商务英语的教育服务：科学、合理地设置商务英语专业的课程；本专业培养过程管理的水平等。

3. 用人单位对人才培养质量的评价

在第三方人才培养质量评价方案中，对高校人才培养的质量最具有发言权的就是用人单位。要想使得评价具有科学性和操作性，可以从以下三个方面设计用人单位的评价指标。第一，评价高校学生的思想道德修养。学生不仅要注重政治理论学习，而且还要具备职业道德和社会公德。爱岗敬业、乐于奉献的精神对于一个职场人士来说是非常重要的个人素质,是为企业做出贡献的基本保障。第二,个人能力。包括英语语言的实际运用能力,运用所学商务专业知识分析问题、解决问题的能力,动手实践能力,运用新思维开创新局面的能力和跨文化交际能力。第三,综合素质。主要从用人单位的角度对毕业生进行整体工作能力的评价,标准不宜硬性统一。

参考文献

[1] 陈德彰. 中国人最易犯的英汉翻译错误 [M]. 北京：中国书籍出版社，2008.

[2] 范仲英. 实用翻译教程 [M]. 北京：外语教学与研究出版社，1994.

[3] 郭贵龙，张宏博. 广告英语文体与翻译 [M]. 上海：华东师范大学出版社，2008.

[4] 陈丽梅. 关于商务英语的语言特点及翻译技巧分析 [J]. 佳木斯职业学院学报，2018（03）：400.

[5] 冯洁. 论商务英语的语言特点与翻译原则 [J]. 吉林省教育学院学报（中旬），2015，31（06）：112-113.

[6] 韩欣桃. 商务英语语言特点和翻译技巧分析 [J]. 烟台职业学院学报，2015，21（04）：72-74.

[7] 李黎. 商务英语信函的语言特点及其翻译策略 [J]. 山东商业职业技术学院学报，2014，14（06）：94-95.

[8] 李小龙. 国际商务英语法律文献的语言特点及其翻译 [J]. 武汉船舶职业技术学院学报，2017，16（02）：71-76.

[9] 李雪冬. 商务英语翻译中模糊语言的显化和隐化问题探究 [J]. 武汉船舶职业技术学院学报，2016，15（04）：71-74.

[10] 刘君武. 商务英语广告的语言特点及翻译技巧 [J]. 长沙铁道学院学报（社会科学版），2014，15（04）：44-45.

[11] 刘先福. 试论国际商务英语的语言特点及翻译策略 [J]. 中国商论，2015（36）：148-149.